Freya Jaffke

Tanzt und singt!

Arbeitsmaterial aus den Waldorfkindergärten

Heft 10

Herausgegeben von der Vereinigung der Waldorfkindergärten

Freya Jaffke

Tanzt und singt!

Rhythmische Spiele im Jahreslauf

Mit Fotos von Charlotte Fischer

Verlag Freies Geistesleben

Überarbeitete Neuausgabe (5. Auflage) 2022

Verlag Freies Geistesleben

Landhausstraße 82, 70190 Stuttgart

www.geistesleben.com

ISBN 978-3-7725-2302-1

Umschlagfoto und Innenfotos: Charlotte Fischer

Illustrationen S. 55 und 64: Christiane Lesch

Druck: GCC Grafisches Centrum Cuno, Calbe

Printed in Germany

FSC MIX Papier aus verantwortungsvollen Quellen FSC® C043106 www.fsc.org

Inhalt

Vorwort zur Neuausgabe 2022

In den letzten Lebensmonaten von Freya Jaffke konnte ich sie mehrfach im Nikolaus-Cusanus-Haus in Stuttgart-Birkach besuchen. Wir haben die Neuauflagen ihrer beiden Bücher *Tanzt und singt!* und *Spielen und arbeiten im Waldorfkindergarten* miteinander durchgesprochen. Obwohl sie bereits in der Zeit der Heiligen Nächte 2020/21 zu mir gesagt hatte, dass ihre Kräfte abnähmen, war sie frisch und geistig höchst präsent bei der Arbeit an Formulierungen, bei der Auswahl neuerer Fotos und auch bei Gesprächen zum Zeitgeschehen. Unser letztes Telefonat fand statt, während ich bei der Pfingsttagung der Vereinigung der Waldorfkindergärten 2021 in Hannover war. Eine Woche später, am frühen Morgen des 1. Juni 2021, ist sie über die Schwelle gegangen.

Jetzt sehe ich ihre und meine Notizen in den Büchern und vermisse Freya Jaffke. Ich werde versuchen, so gut ich es vermag, ihrem Auftrag gerecht zu werden, was keine leichte Aufgabe ist. Ich freue mich über ihr Vertrauen und die Herausforderung, mich den Grundlagen unserer Arbeit dadurch erneut vertiefend zuzuwenden.

Sie finden die Vorworte von Freya Jaffke zur Neuausgabe von 2003 und dasjenige aus dem Jahr 1987 zur 1. Auflage nachfolgend in unveränderter Form.

Für diese Neuausgabe wurden durchgehend neue Fotos ausgesucht; sie stammen von der Fotografin Charlotte Fischer, die sie in verschiedenen Waldorfkindergärten in Deutschland aufgenommen hat.

Freudiges Tätigsein, rhythmisches Bewegen, Tanzen und Singen mit den Kindern war Freya Jaffke ein Herzensanliegen. Möge dieses Büchlein weiterhin viele Eltern, Pädagoginnen und Pädagogen inspirieren.

Birgit Krohmer

Vorwort zur Ausgabe von 2003

Für die überarbeitete Neuauflage dieses Buches wurden kleine Ergänzungen und an einigen Stellen auch Erweiterungen vorgenommen. Die Zeichnungen wurden – soweit dies möglich war – durch Fotos ersetzt. Aus verständlichen Gründen wurden Kinder während des Krippen- oder Dreikönigsspiels nicht fotografiert.

Ein herzlicher Dank sei allen Kolleginnen gesagt, die uns die Fotos für diese Neuausgabe des Buches zur Verfügung gestellt haben.

«Tanzt und singt in fröhlicher Weise mit euren Kindern und bewegt euch nach schönen rhythmischen Versen und wohlklingenden Liedern!» Dies möchte man allen Eltern, Erzieherinnen und Erziehern zurufen, die sich um eine gesunde Bewegungserziehung ihrer Kinder bemühen. Denn immer stärker und immer früher werden die Kinder durch eine Vielzahl an Fahrzeugen in mechanische Bewegungsabläufe gedrängt. Selbst Waldspaziergänge werden oft damit unternommen. Durch zu langes Sitzen, beispielsweise vor den Medien, werden die Kinder in Bewegungsstaus gebannt.

Dass das ungezwungene, sinnvolle, fröhlich belebte Sichbewegen nach musikalischen oder gesprochenen Rhythmen sowohl für die Kinder als auch die Erwachsenen heute immer schwieriger wird, ist ein offenes Geheimnis. Wenn wir aber dem natürlichen Bedürfnis des kleinen Kindes, sich möglichst vielseitig zu bewegen, durch Spiele und nachahmendes Arbeiten im Raum und im Freien* entgegenkommen und dazu die beispielhaft gegebenen Anregungen in diesem Buch lebendig und künstlerisch zu gestalten versuchen, dann geben wir jenen Kindheitsimpulsen Nahrung, die nach schöpferischem und sinnvollem Tun drängen.

In diesem Sinne möge *Tanzt und singt!* erneut den Weg in viele Familien und Kindergruppen finden und den Erwachsenen ein hilfreicher Begleiter werden.

Im Frühjahr 2003 *Freya Jaffke*

* Vgl. dazu auch Freya Jaffke, *Spiel mit uns!* sowie *Spielen und arbeiten im Waldorfkindergarten*, beide im Verlag Freies Geistesleben erschienen.

Vorwort zur 1. Auflage

Die in diesem Buch zusammengetragenen Ausführungen über rhythmische Spiele, wie sie für das kleine Kind vor der Schule geeignet sind, mögen allen pädagogischen Fachkräften, die neu in der Kindergartenarbeit stehen, eine Hilfe sein. Auch junge Eltern, die sich um den rechten Umgang mit den Liedern und Versen bemühen, können manche Anregung erhalten, besonders für die schwierige Aufgabe, geeignete Gesten und Bewegungen dazu zu finden. Hier sind die Kapitel über die Vorbereitung auf die rhythmischen Spiele und über die Elemente in den rhythmischen Spielen vielleicht besonders hilfreich. Auch die Beispiele im zweiten Teil können die eigene Gestenfindung anregen.

Doch bleibt es weiterhin empfehlenswert, sorgsam zu beobachten, wie beispielsweise eine Mutter ihr Kind auf den Armen wiegt, wie ein Erwachsener die Wäsche faltet, wie der Gärtner den Boden hackt, oder wahrzunehmen, wie der Frosch hüpft, der Wind durch die Bäume weht, eine Knospe sich öffnet. Die innige Verbindung mit solchen Vorgängen vermag die eigene Fantasie neu zu beleben, und es können Gesten gefunden werden, die den Kindern etwas vom Wahrheitsgehalt ihrer lebendigen Umgebung mitteilen.

Die Hinweise für die Spielführungen sind im Laufe der Zeit und im Umgang mit den Spielen entstanden. Sie werden völlig freilassend und nur als eine Möglichkeit mitgeteilt. Durch die längere Beschäftigung damit ergeben sich auch durch besondere Kindergruppierungen immer wieder kleine Veränderungen.

Es ist für die Kinder sehr befriedigend, wenn mit der Jahreszeit im Wesentlichen auch die schon bekannten Lieder und Verse wieder auftauchen. Sie haben in den Seelen der Kinder geruht, sind mitgewachsen und werden oft durch ein äußeres Ereignis bruchstückhaft erinnert und wie gute Freunde jubelnd begrüßt. Neue Lieder und Verse lassen sich ohne Schwierigkeiten einfügen.

Bei den Liedern versuchen wir hauptsächlich solche Melodien zu bevorzugen, die aus der Quintenstimmung oder Pentatonik entwickelt wurden. In ihrem freilassenden Charakter, der nicht zum Grund- oder Leitton zwingt oder von Dur und Moll geprägt ist, geben sie dem kleinen Kind in ausgesparten Augenblicken die Möglichkeit zu leichtem, fröhlich beschwingtem Singen und auch zum Nachlauschen. Dies ist therapeutisch besonders wichtig, weil die Kinder durch Verkehrslärm und technische Übermittler vielfach einem ständigen Geräuschpegel ausgesetzt sind, und es fällt den Kindern schwer, wirklich zur Ruhe zu kommen.

Wenn wir in der Weihnachtszeit auch ausgewählte bekannte, traditionelle Lieder verwenden, so geschieht das unter Berücksichtigung der Familiensituation. Wird doch wenigstens in dieser Zeit noch in den Familien miteinander gesungen.

Wer nur wenige Jahre mit diesen rhythmischen Spielen Erfahrungen gemacht hat, wird bald beobachten, dass die größeren Kinder in einer altersgemischten Gruppe oder Spielgemeinschaft in ihrem freien Spiel ganz aus eigener Initiative Einzelnes daraus immer wieder aufgreifen. Entweder holen sie sich jüngere Kinder und spielen mit ihnen in freiester Weise solche Spiele, oder sie beziehen sie in ein kleines Tischpuppenspiel oder beim Puppengeburtstag als kleine Geschichte mit ein. So können die Spiele zu einem wertvollen Gut für Kinder, Eltern, Erzieherinnen und Erziehern werden und sowohl das schöpferische Spiel der Kinder als auch die Erwachsenentätigkeit auf besondere Art bereichern.

Allen Kollegen und Freunden, die beim Entstehen des Buches mitgeholfen haben, sei ein herzlicher Dank ausgesprochen.

Januar 1987 *Freya Jaffke*

Sinn und Bedeutung der rhythmischen Spiele

Eine der wichtigsten Aufgaben im Waldorfkindergarten ist es, das Leben selber, die Arbeiten des Lebens in den Kindergarten hereinzutragen. Die Frage ist nur, wie es in solche Formen zu bringen ist, dass es von den Kindern aufgenommen und ins Spiel gebracht werden kann. Neben vielen anderen Möglichkeiten sind auch die rhythmischen Spiele ein Mittel hierfür. Die Vielfalt des alltäglichen Lebens kann hier in künstlerisch geformten Bewegungsabläufen zur Entfaltung kommen. Ja, sogar manches von dem, was Kinder heute kaum noch sehen, z.B. Arbeitsgesten des Sämanns, des Hufschmieds oder des Schusters, können durch diese Spiele so stark erlebt werden, dass davon eine Anregung für das freie Spiel im Raum oder im Garten ausgehen kann. Diese Wirkung wird aber nur entstehen, wenn es dem Erwachsenen gelingt, mit aller Kraft und ausstrahlenden Freude solche Urgesten wie beispielsweise das Säen, Sensen oder Dreschen auszuführen und die Kinder damit zu begeistern. Leicht könnte es sonst passieren, dass einer der sechsjährigen Buben etwa plötzlich auf die Idee kommt, mit imitierendem Motorengeräusch und stereotyper Lenkradbewegung herumzulaufen und zu bemerken, er mache das mit dem Mähdrescher.

Beschäftigen wir uns intensiv mit der Entwicklung des kleinen Kindes und verschließen nicht die Augen vor der Gefährdung der Bewegungsentwicklung, dann können wir zu der uns tragenden Überzeugung gelangen, dass es sinnvoll und zugleich heilsam ist, wenn wir die Kinder zunächst mit rhythmischen Versen und Liedern sich in den ursprünglichen Abläufen der Hand-Arbeit des Menschen kräftig und fantasievoll bewegen lassen.

In den ersten Schuljahren können diese Tätigkeiten durch den Unterricht (real auf dem Acker oder im Schulgarten) wieder neu belebt werden. Damit ist dann eine gute Grundlage gegeben für das spätere Verständnis der Mechanik all jener Maschinen, die heutzutage die menschliche Arbeit in so vielen Bereichen ersetzen.

Das Bedanken für die vom Schuster gefertigten Schuhe, das Begrüßen und Miteinander-Tanzen, das Zureichen der Garben, wenn der Erntewagen beladen wird, das Wiegen eines Kindes, alles, was wir kennen an Beziehungen oder Verhaltensweisen im mitmenschlichen Bereich, kann in diesen

Spielen aufgenommen und gepflegt werden. Ebenso ist es mit den Beziehungen des Menschen zu den Tieren, Pflanzen und Steinen. Die liebevolle Zuwendung des Herrn zu seinem Rösslein, wie er es umsorgt und dann mit ihm ausreitet, oder des Schäfers zu seinen Schafen, auch zu einem Schnecklein, das langsam am Wegrand dahinkriecht, oder zu den Vögeln und Insekten, die die Frühlings- und Sommerluft erfüllen, und das Einfühlen in das Wachsen, Blühen und Früchte-Bringen sind wichtige Gestaltungselemente. Mit ihnen wird das innige Verbundensein des Menschen mit der Naturumgebung in künstlerischer Weise kontinuierlich gepflegt und erhalten. Besondere Höhepunkte bilden die Festeszeiten, in denen – für das Verständnis der Kinder selbstverständlich nur ahnungsweise – die geistigen Hintergründe der Jahresfeste in die Gestaltung mit einfließen.

Noch ein ganz anderer Gesichtspunkt in diesem Zusammenhang ist der, dass wir mit diesem Tun unmittelbar an die Freude beim Sich-Bewegen des kleinen Kindes anschließen. Tätig sein zu dürfen und sich zu bewegen in jeder Beziehung ist eines der Hauptelemente, in denen das Kind lebt. Mit seiner angeborenen Fähigkeit des Nachahmens kann es in alle durchschaubaren Vorgänge hineinschlüpfen und sie in seine Bewegungsimpulse aufnehmen. Im *freien* Spielen kann es solche Impulse in ihm jeweils gemäßer Intensität, nach eigenem Tempo und selbstbestimmter Zeitspanne ausleben. In den *rhythmischen* Spielen wird das Kind zu den gleichen Erlebnissen geführt, doch orientiert es sich hier an den Gesten des Erwachsenen, die dieser zu den ausgewählten Liedern und Versen macht (siehe den Abschnitt «Vorbereitung auf die rhythmischen Spiele», S. 25 ff.).

Es handelt sich dabei aber nicht um ein ausgedachtes oder künstliches Hinzufügen der Bewegungen, sondern um eine abgelauschte Übereinstimmung von Bewegung und Sprache. Alle Bewegungsvorgänge haben ja eine tiefe, prägende Wirkung auf das Kind und seine in feiner innerer Differenzierung begriffene Organisation. Daher sind alle Bewegungen, die von Menschen durchlebt und bewusst geführt werden, wie z.B. bei den Tätigkeiten in Haushalt und Garten oder den handwerklichen Arbeiten, aber auch die genannten künstlerischen Gesten sowie viele Bewegungsabläufe im Naturzusammenhang, von besonderer Bedeutung.

Aus dem lebendigen Umkreis nimmt das heranwachsende Kind solche Eindrücke in seine Lebenskräfte auf. Das alles wirkt gesundend und schafft ein gutes Gegengewicht zu den vielerlei Eindrücken mechanischer Vorgänge aus dem technischen Bereich. Außerdem werden im Zusammenhang mit der künstlerisch geformten Bewegung auch die Sprache und das musikalische Element gepflegt. Ausführungen hierzu sind im Abschnitt über die «Vorbereitung auf die rhythmischen Spiele» (S. 25 ff.) zu finden. Alles dies kann vom Kindeswesen in die leibaufbauenden Wachstums- und Entwicklungsprozesse aufgenommen werden. Dem Erwachsenen macht eine solche Erkenntnis seine große Verantwortung in diesem Zusammenhang bewusst. So wird er versuchen, aus der Überschau der Entwicklungsschritte des Kindes und der es umgebenden Weltgesetzmäßigkeiten in diesem Tun das rechte Maß zu finden und das rechte Vorbild zu werden.

Gesichtspunkte für die Zusammenstellung von Liedern und Versen zu Reigenspielen mit einem Überblick über den Jahreslauf

Die hier folgenden Gesichtspunkte, wie man Lieder und Verse für die rhythmischen Spiele sinnvoll zusammenstellen kann, mögen bei der Auswahl aus der Fülle des Lied- und Versgutes als Anregung dienen. Sie erheben in keiner Weise einen Anspruch auf Ausschließlichkeit oder Vollständigkeit. Im schöpferischen Umgang damit wird jede Erzieherin sehr bald ihren eigenen Weg finden, sei es in der täglichen Kindergartenarbeit oder wo sonst Kindergruppen aus besonderen Anlässen entstehen, z. B. bei Geburtstagseinladungen, Festen oder Familienfeiern.

Wie sich die verschiedenen Verse und Lieder zusammenfügen lassen, wird man mehr und mehr aus der Überschau eines ganzen Jahres herausfinden. Wenn man den Prozess des Jahreslaufgeschehens im Bewusstsein hat, ergeben sich daraus die kleineren Einheiten für einzelne Monate oder auch Wochen.

Blicken wir zunächst auf einige große Gesichtspunkte, die sich in diesem Zusammenhang ergeben und zu folgenden Fragen führen können: Was geschieht mit der Erde, den Pflanzen und Tieren im Laufe eines ganzen Jahres?

Wir können uns intensiv in den großen Rhythmus der Erde, in ihr Wechselspiel mit der Sonne hineindenken; in das erste Erwachen der Pflanzen im Frühling, ihre höchste Entfaltung im Sommer und das Fruchtbringen im Herbst, in das langsame Sich-Zurückziehen der Lebenskräfte im Winter. Welche Fülle an verschiedenen Prozessen haben wir da vor uns! Hinzu kommt das Wirken der Elemente wie Regen, Sonnenschein, Wind, Sturm, Gewitter, Frost, Schnee und jener hilfreichen Wesen in den verschiedenen Naturreichen, die wir als Undinen, Sylphen, Salamander, Zwerge, Riesen und Feen kennen.

Schauen wir auf die Tiere, so sehen wir sie langsam aus dem Winterschlaf erwachen und können sie bis zum Hochsommer hin in immer größerer Vielfalt beobachten. Im Herbst rüsten sich einige für den Winter oder gehen in den Winterschlaf.

Nach diesem kurzen Blick auf den Jahreslauf kommen wir zu einem zweiten großen Gesichtspunkt mit der Frage: Wie steht der Mensch in diesem Jahreszeitengeschehen, was tut er an der Erde im Jahreslauf, welche Kulturaufgabe obliegt ihm?

In diesem Zusammenhang erscheinen die verschiedenen Berufe oder Handwerke, z.B. Bauer, Gärtnerin, Schäfer, Angler, Schuster, Schreiner, Schmied bzw. typische Tätigkeiten von Mutter und Vater.

Eine weitere Frage beschäftigt sich mit dem innigen Verwobensein der christlichen Feste mit dem natürlichen Jahreslauf, wie es für die gemäßigte Erdzone gegeben ist. Diese Frage erfordert ein besonders ernsthaftes Bemühen und ein ständiges geduldiges und vertiefendes Arbeiten. Im Rahmen dieses Buches kann darauf nicht näher eingegangen werden (siehe «Weiterführende Literatur», S. 104).

Begeben wir uns mit den genannten Gesichtspunkten im Hintergrund auf die Suche nach Liedern und Versen, so werden wir bald zu schönen Zusammenstellungen kommen. Wir achten vor allem darauf, dass inhaltlich eins zum anderen führt, damit jedes Mal so etwas wie eine kleine Geschichte entsteht. Selbstverständlich brauchen wir besonders bei neuen Zusammenstellungen immer wieder kurze, verbindende oder überleitende Worte, entweder zwischen den jeweiligen Versen oder Liedern oder aber zwischen den einzelnen Wiederholungen, besonders wenn neue Elemente hierbei eingesetzt werden (siehe den Abschnitt «Elemente in den rhythmischen Spielen», S. 32 f.).

Bei der Auswahl vor allem der *Verse* ist besonders darauf zu achten, dass sich genügend und wesentliche Gesten dazu ausführen lassen. Viele schöne Verse haben eher einen erzählenden Charakter und eignen sich daher weniger für die rhythmischen Spiele. Das kleine Kind muss immer unmittelbar in der Nachahmung der handelnde Mensch oder das sich bewegende Tier sein dürfen, denn es verbindet sich sogleich damit. Hindeutende oder beschreibende Gesten sind nur gelegentlich sinnvoll.

Ob in einem *Reigen* mehr das Sprachliche oder das Musikalische überwiegt, ist kein wesentlicher Gesichtspunkt. Dies wird sich vom Inhalt her jeweils zwanglos ergeben.

Ein nun folgender Themengang durch ein ganzes Jahr kann bei den Zusammenstellungen eine Hilfe sein. Wir beginnen am Anfang eines neuen Kindergartenjahres im Herbst.

Vorab soll daran erinnert werden, dass nach den großen Ferien einige Kinder neu in die Kindergartengruppen aufgenommen werden und sich erst langsam orientieren und eingewöhnen müssen. Da ist ein ganz kleines Reigengeschehen angebracht, wie z. B. folgendes:

Die Vogelmutter (das ist der Erwachsene) fliegt (mit ausgebreiteten Armen) mit allen «Vogelkindern» herum und singt:

Ei, mein Vögelein,
schwingst die Flügelein,
bringst dem Kinde Sonnenschein?
Ei, du liebes Vöglein! (4)*

Dann fliegen alle ins Nest und schlafen ganz fest.

«Am Morgen, wenn die Sonne lacht,
da sind sie wieder aufgewacht.»

Nun fliegen sie aufs Neue fort.

Dies wiederholt sich einige Male und führt die Kinder in aller Geborgenheit in dieses nachahmende Tun ein.

Das Gleiche kann mit dem Lied «Nun öffnen wir das Taubenhaus» (4) durchgeführt werden. Wir hocken uns zuerst mit allen Kindern in die Mitte, verbergen den Kopf ein wenig in den Armen und sprechen nun:

«Ruckedigu, ruckedigu,
schließen wir wieder das Taubenhaus zu.»

Dann öffnen wir die Arme zum Vogelflug und fliegen auf das Lied herum. Am Schluss finden sich alle wieder im «Taubenhaus» ein, und es beginnt aufs Neue.

* In Klammern gesetzte Zahlen beziehen sich auf die auf S. 104 angegebenen Quellen.

Themengang durch das Jahr

In diesen Themengang durch das Jahr wurden beispielhaft Lieder und Verse aufgenommen, die sich in der Praxis besonders bewährt haben. Es ist dennoch nur eine Auswahl, die zur Anregung für eigene Zusammenstellungen dienen soll. Auch werden wir nicht in jedem Jahr alle Gedichte und Lieder wiederholen und auch nicht immer die gleiche Reihenfolge beibehalten. Denn das Zusammenleben mit den Kindern ist so ein lebendiger Prozess, aus dem sich immer wieder die schönsten Neuschöpfungen ergeben können. Wir müssen nur beweglich genug sein, lauschen auf das, was uns von den Kindern entgegenkommt, und auch bemerken, wenn beispielsweise bei den Größeren Unlustgefühle entstehen, die wir vielleicht durch kleine Variationen fantasievoll überbrücken können. Solche Feinheiten lassen sich nicht gut beschreiben, denn sie müssen ja stets neu gegriffen werden.

So ist die folgende Aufzählung wirklich nur als ein grobes Gerüst zu betrachten.

Herbst

Ende August, Anfang September: Der Sommerhöhepunkt ist überschritten, die Zeit der großen Ernte naht. Noch umgibt uns im Garten eine Blumenfülle. Aber vielleicht erleben die Kinder schon, wie Kräuter geerntet und getrocknet werden, Fallobst aufgelesen und verarbeitet oder Dörrobst für den Winter bereitet wird.

Aus dieser Stimmung heraus fängt in den Reigenspielen langsam das Erntegeschehen an – vom Kornmähen bis zum Brotbacken, vom Bäumeschütteln bis zum Heimtragen der Früchte und dem Ausziehen der Rüben im Garten. Mit einem ersten Motiv beginnen wir und fügen im bis zum Erntedankfest immer etwas hinzu.

Erntereigen S. 40 ff.
Bäuerlein, Bäuerlein (1)
«Das Rübchen» (6)

Michaeli

In die Zeit des Ernteeinbringens und am Übergang von der hellen, leuchtenden Hochsommerzeit in die dunklere Jahreszeit fällt als besonderes Ereignis am 29. September der Sankt-Michaels-Feiertag, den wir mit einem Lied und zwei Versen besonders gestalten (siehe dazu «Weiterführende Literatur», S. 104).

Reiten wir ans goldne Tor (1)
In Gottes Namen fahren wir (4)
In klarer Herbstesnacht (1)

Spätherbst

Nach dem Erntedankfest, etwa Anfang Oktober, wehen schon die ersten Herbstwinde die Blätter von den Bäumen. Im raschelnden Laub begleiten wir die Tiere, die sich auf den Winterschlaf vorbereiten, beispielsweise den Igel. Mit der Maus und dem Eichhörnchen sammeln wir Wintervorrat. Die Sonne nimmt merklich ab. Sie schenkt uns ein wenig von ihrem Licht, das wir nun in den Laternen vor uns hertragen. In einigen Kindergärten klingt in der Laternenzeit auch das Motiv von Sankt Martin an.

Dann zieht sich das Leben weitgehend unter die Erdoberfläche zurück. Hier begegnen wir den fleißigen Zwergen, mit denen wir nun emsig schaffen. Als Polarität kommt auch der Riese hinzu – etwas

behäbig und tolpatschig vielleicht. Durch ihn ergeben sich wieder viele dynamische und fröhliche Elemente.

Vom Baume schüttelt's Hellerlein (2)
Kleines Herbstspiel (vollständig oder auszugsweise) (6)
Eichhörnchen, Eichhörnchen, du flinker Geselle (2)
Sonne hat sich müd gelaufen (4)
Riesen und Zwerge S. 46 ff.
Es zipfelt ein Röckchen S. 46 und (1)
Zieht das Zauberröcklein an S. 46 und (3)
Die Zwerge, die Zwerge S. 46
Tief im Berg S. 46
Und kommt der alte Ries daher S. 47
Dort schlummert der Riese S. 47 und (3)
Trippeltrappel, aus dem Berge S. 48 und (1)
Leise geht der Abendwind S. 49 und (8)
Ich geh mit meiner Laterne S. 50
Es dunkelt schon, der Wind, der weht S. 50 und (2)

Advent, Sankt Nikolaus, Weihnachten

In der Adventszeit, wenn es draußen immer dunkler wird, versucht der erwachsene Mensch, es in seiner Seele immer heller und stiller werden zu lassen. Diesen Weg werden die Kinder durch Festereignisse wie z. B. das Adventsgärtlein geführt, die sie nicht so sehr mit dem Verständnis als vielmehr mit ihrem ganzen Sinneswahrnehmungsvermögen im Tun erleben können. Im Einzelnen auf diese Ereignisse einzugehen würde den Rahmen dieses Buches sprengen (siehe Freya Jaffke, *Feste in Kindergarten und Elternhaus, Teil I*).

In Bezug auf den Reigen sei die Gestalt des Sankt Nikolaus hervorgehoben, der als Vorbote des

Christkindes zu den Kindern kommt und auf seinem Weg vom Himmel auf die Erde den Tieren im Wald, den Hirschen, Rehen und Hasen begegnet. Dieses Ereignis ist der Inhalt des Liedes «Aus hohem Wolkenschlosse» (4). Es lässt sich in schlichter Weise im Reigen durchführen und prägt damit vor allem die erste Adventswoche (siehe S. 52).

Nach Sankt Nikolaus beginnt das Weihnachtsspiel, das in manchen Kindergärten täglich zum Abschluss gespielt wird (S. 53 ff.). Die rhythmischen Spiele vor dem Frühstück fallen in diesen anderthalb bis zwei Wochen dann weg, damit die Kinder nicht überfordert werden und wirklich in aller Ruhe in dieses zentralste Ereignis eintauchen können.

Aus hohem Wolkenschlosse S. 52 und (4)
Sankt Nikolaus der Gute (4)
Am Abend wird der Himmel rot (4)
Wenn die bunten Blätter alle (5)

Epiphanias und Dreikönigsspiel

Nach Weihnachten schließt sich ein Dreikönigsspiel an (S. 65 ff.). Es ist ein kleines Spiel, sodass wir zu gleicher Zeit mit den rhythmischen Spielen – vor dem Frühstück – wieder beginnen können.

Winterzeit / Fasching

Im Winter lassen wir es schneien, fahren mit dem Pferdeschlitten, lassen uns mit den drei Spatzen im Haselstrauch zuschneien und kommen endlich an den zugefrorenen See, in dem die Fische von unten ans Eis stoßen. Die Sonne wird aber langsam wieder wärmer, der See taut auf, und die flinken Forellen treiben ihr lustiges Spiel. Dann kommt der Angler hinzu. Es folgen ihm nach und nach andere fröhliche Handwerker, besonders der Schuster Lederfein (siehe S. 79 ff.).

Die Handwerkerspiele leiten dann schon die Faschingszeit ein. Am Faschingstag selbst kommen bei uns alle Kinder als Handwerker andeutungsweise verkleidet in den Kindergarten. Da schaffen und tanzen wir wie die fröhlichen Handwerker (Freya Jaffke, *Feste in Kindergarten und Elternhaus, Teil I*).

Schnee, Schnee, weißer Schnee S. 72
Es schneielet, es beielet S. 72
In einem leeren Haselstrauch S. 73 und (7)
Pferdeschlitten S. 74
Der See hat eine Haut bekommen (7)
Heiland, tu dein Türlein auf (4)
Lieber Regen, geh weg (4)
Flinke Forellen (2)

Am Fischteich S. 76 ff.
Schuster Lederfein S. 79 f. und (3)
Lustige Handwerker S. 81

Tänze:
Lange, lange Riege (Volksgut)
Rumsdidel, dumsdidel, Dudelsack S. 101
Komm, wir wollen tanzen S. 95
Holzschuhtanz S. 98
Es geht nichts über die Gemütlichkeit (10)
Guten Abend (Morgen), Herr Spielmann (8)
Widewidewitt, mein Mann ist kommen S. 100

Vorfrühling

Nach Fasching holen wir wieder das Rösslein aus dem Stall, das sonst immer wieder einmal auftaucht. Wir lassen es beschlagen, reiten mit ihm aus, springen, traben und prusten mit ihm. Dann begegnen uns die ersten Schnecken, die vom Winterschlaf erwachen, und bald auch die Hasen.

Fein's Rösslein, ich beschlage dich S. 74 und (5)
Mein Pferdchen geht leise (1)
Leise, leise auf den Zehen (2 Verse) (1)
Ach, wie langsam (1)
Schnecke sitzt vor ihrem Haus (1)
Wohin, wohin, du Wichtelmann (gesungen) S. 51
Musche Schnut, der Hasenmann (gesungen) (9)

Frühling und Ostern

Im Erdboden regen sich jetzt wieder die hilfreichen Zwerge. Wir besuchen vor allem «Zwack den Zwerg» (siehe S. 82), der sich zur frohen Frühlingsfeier ein Blümlein zieht und alle Tiere des Waldes an seiner Freude teilhaben lässt. Bald blühen auch die ersten Veilchen im Garten, die wollen Ostern erwarten.

In der ersten Woche nach Ostern sind wir die Osterhasen, die eifrig bunte Eier anmalen und verstecken, anschließend die Kinder, die sie suchen und finden (siehe S. 83). Nun setzt auch die Arbeit auf den Feldern wieder ein. Der Sämann zieht über den Acker, die «Mägde» säen Blumen und Kräuter im Garten.

Regen und Sonnenschein begünstigen das Wachsen und das Gedeihen. Täglich schlüpfen wir in die Gesten des Säens, des Keimens und Emporwachsens, des Blühens, des Regens und Sonnenscheins.

In die Berge lasst uns gehen (1)
Zwack der Zwerg S. 82 und (1)
Das Veilchen, das will sich verstecken (2)
Blaue Veilchen im Garten (2)
Nuckelchen und Puckelchen (1)
Mutter Erde, wo sind deine Blümelein (8)
Die Hasenmutter sitzt im Wald S. 83
Hutsch, he! der Ackermann sät (4)
Säen im Garten S. 84 ff.
Im Märzen der Bauer die Rösslein einspannt (gesprochen) (Volksgut)
Lieber Regen, geh weg (4)
Wir hacken den Boden (1)
Wir säen die Samen S. 86 und (3)
Die kleinen Regenmännchen S. 86
Regen, Regen, Tröpfchen S. 86
Im Häuslein mit fünf Stübchen S. 87

Pfingsten und Johanni / Sommer

In der Pfingstzeit spielen die verschiedenen Vögel eine große Rolle. Die Vogelmutter fliegt hinaus und bringt Futter für ihre Kinder; Frau Zwitscherling, die Meise, holt sich ein Krümchen Brot; die Tauben fliegen übers weite Feld.

Wenn die Sonne ihren Höchststand erreicht, alles Leben auf der Erde zur größten Entfaltung kommt und Licht und Wärme den Luftraum erfüllen, flattern die Schmetterlinge von Blüte zu Blüte, sammeln die Bienen den Honig ein, erscheinen die Käfer in ihrer farbigen Vielfalt. Dies alles findet seinen Höhepunkt in dem Lied von den «Muttergottesgläschen» (S. 91) zum Johannifeiertag.

Im Hochsommer ziehen wir mit dem Schäfer über die Wiesen. Nachts beobachtet er die Glühwürmchen und sieht, wie die Elfen tanzen. Gelegentlich wird er auch von einem Sommergewitter überrascht. Mittags kann er dem Wichtlein begegnen, das gerade Beeren sammelt, dann aber einschläft und von der Mittagshexe (S. 92) überrascht wird. In diesem hochsommerlichen Geschehen sparen wir noch eine kürzere Zeit aus, in der wir die Tänze für das Sommerfest tanzen (S. 95 ff.).

In der Hecke auf dem Ästchen (1)
Kleines Vöglein, lass dich wiegen (1)
Zwei Vöglein schlafen im Nest (1)
Wir öffnen jetzt das Taubenhaus (4)
Vöglein breitet aus die Flügel (1)
Tau-Spiel (Wir Blumen stehn im Garten) (3)
Schmetterlinge (Durch den ersten Sonnenbogen) (3)
Flatterfalter, ruh dich aus (1)

Muttergottesgläschen S. 91 und (2)
In Wichtelhausen wohnen (1)
Der alte Schäfer Siebenschuh (2)
Übers Brücklein ziehn die Schafe (1)
Abends, wenn es schummrig wird S. 88 und (1)
Das Glühwürmchen (Es fliegt ein feurig's Männlein rum) S. 90 und (1)
Gewitter (siehe Erntereigen) S. 38
Ist die Schnecke wohl zu Haus (1)
Elfenkind im Schneckenhaus S. 88
Erdbeerlein am heißen Hang S. 92 und (1)
Hummel sang ein Schlummerlied (erweitert) S. 92 und (2)
Kling, Klang, Gloria (4)

Tänze zum Sommerfest:

Trarira, der Sommer, der ist da (4)
Wenn wir im Sommer nach Holland gehn S. 98
Guten Abend (Morgen), Herr Spielmann (8)
Der lustige Springer (Muss wandern) S. 99
Fiedelhänschen, geig einmal S. 96
Es geht nichts über die Gemütlichkeit (10)
Komm, wir wollen tanzen S. 95

Der Übergang von einem Themenbereich zu einem nächsten

Zunächst beginnen wir mit einer Zusammenstellung von wenigen Versen und Liedern, bei denen im täglichen Ablauf das eine oder andere mehrmals – vielleicht sogar variiert – wiederholt wird, wenn z.B. zuerst die munteren flinken Fische in den Wellen spielen und ihnen dann die ganz kleinen und später die ganz großen folgen, oder wenn die Zwerge jedes Mal mit einem anderen Hämmerlein in einen anderen Berg ziehen, um verschiedene Steine zu klopfen. Über mehrere Tage, vielleicht eine ganze Woche, kann dieser Ablauf wiederholt werden. Durch den Tag, an dem die Kinder Eurythmie haben, tritt schon eine Unterbrechung ein, da beides auf jeden Fall zu viel wäre.

Der Übergang zu einem neuen Themenbereich lässt sich dadurch finden, dass wir nach und nach von dem Neuen etwas in den alten Ablauf einflechten und hier dafür etwas weglassen. Jeder wird sehr bald bei sich selbst und an den Kindern abspüren, wie man in dieser Weise vorgeht. Gewiss gibt es auch einige Zeiten im Jahr, in denen man ohne Übergang mit einer ganz neuen Zusammenstellung beginnt, weil es durch die Ferien oder die Festeszeit bedingt ist.

Wer neu vor der Aufgabe steht, wird es anfangs nicht leicht haben, mit den Wiederholungen zurechtzukommen. Sie müssen ja immer wieder neu belebt und gegriffen werden (siehe auch den Abschnitt «Elemente in den rhythmischen Spielen», S. 32 f.). Die stets neue Freude an den Spielen und an dem Tun mit den Kindern wird über manche Anfangsschwierigkeiten hinweghelfen.

Vorbereitung auf die rhythmischen Spiele

Ist Leichtigkeit, Freude und Heiterkeit als Grundstimmung für diese Spiele bedeutsam, so ist die Freude gemeint, die der Sache selbst und ihrer sorgfältigen Vorbereitung entspringt, und nicht jene, die von außen durch einen besonderen Anlass auf uns zukommen kann.

Mit der Aneignung der Lieder und Verse können gleich auch die Möglichkeiten für die Gestaltung und die differenzierten Bewegungen herausgefunden werden. Diese sollten dann gut geübt und im

Sinne der folgenden Ausführungen immer sicherer beherrscht werden. Es ist gut, wenn wir uns für die Vorbereitung genügend Zeit lassen, sodass Wort, Melodie und Bewegungen uns ganz selbstverständlich und sicher werden und die Kinder sich dann leichter in das Spiel hineinfinden können.

Worauf ist nun beim Vorbereiten im Einzelnen zu achten?

Zum Umgang mit der Nachahmung

Es ist ratsam, sich immer wieder zu vergegenwärtigen, wie die Nachahmung sich vollzieht. Denn wie bei allem Tun im Zusammensein mit Kindern bis etwa zum siebten Lebensjahr dürfen wir auch hier auf die Nachahmefähigkeit vertrauen. Diese bedarf aber in der heutigen Zeit einer besonderen Pflege, da sie bei vielen Kindern durch äußere Umstände mitunter sehr geschwächt ist. Machen wir uns den Vorgang der Nachahmung zuerst ganz bewusst und versuchen ihn dann übend in uns zu beleben, dann werden wir ihn mehr und mehr «in den Griff» bekommen. Wenn nachgeahmt werden soll, muss ja vorher etwas da sein. Dieses «Vorher» kann – richtig ergriffen – einen Bruchteil von Sekunden ausmachen. Auf die Länge kommt es wirklich nicht an, sondern nur darauf, dass wir den Kindern Gelegenheit geben, einen Augenblick das Nachzuahmende wie «einzuatmen». Sie ergreifen es dann mit dem eigenen Willen und setzen es durch die Bewegung nach außen. Woraus besteht nun dieser wichtige Augenblick? Einzig und allein aus einer Bewegungsgeste. *Der Erwachsene geht mit der Geste ein wenig dem Wort oder Gesang voraus.* Er breitet z.B. zum Vogelfliegen die Arme aus, hebt an mit dem ersten Schwingen und setzt dann mit dem Wort oder Lied ein. Es handelt sich um eine Feinheit, die nicht leicht zu bemerken ist, und doch ist sie in aller Kraft wirksam und bildet die Voraussetzung für ein gesundes Nachahmen. Zunächst werden wir dies stark im Bewusstsein haben müssen – so lange, bis es uns zur guten Gewohnheit geworden ist.

Wer unsicher ist oder mit dem hier nur kurz Angedeuteten nicht zurechtkommt, wird sich an eine erfahrene Kollegin wenden und mit ihr zusammen üben. Jedes eigene Bemühen auf diesem Felde wird mit einem immer intensiveren und freudigeren Nachahmen der Kinder beantwortet. Das manchmal fehlende Nachahmenkönnen oder -wollen kann dadurch wieder gekräftigt werden. Auffordern zum Nachahmen sollten wir solche geschwächten Kinder eigentlich nicht, sondern mit liebevollem Interesse unter Umständen Monate abwarten, bis auch in ihnen der Impuls dazu erwacht. Handelt es sich aber um Störenfriede, so wird man selbstverständlich entsprechend reagieren müssen (s. auch S. 35 ff.).

Die Gesten des Erwachsenen

Jede Bewegung, die wir in die Gestaltung aufnehmen, sollte mit innerer Anteilnahme ausgeführt werden. Die Kinder müssen spüren, dass wir mit unserem ganzen Wesen engagiert sind. Auch ist es gut, wenn die Bewegung so genau wie möglich, nicht etwa pedantisch, sondern tatsächlich dem betreffenden arbeitenden Menschen oder der charakteristischen Bewegung eines Tieres oder eines Naturvorganges abgelauscht ist. Dann wirkt sie auch überzeugend und wahrhaftig. Gewiss wird es in manchen Fällen notwendig, dass wir auf die Suche gehen und Menschen finden, die z.B. noch mit einem Dreschflegel umgehen können oder wirklich wissen, wie der Sämann die Samen ausstreut, der Schnitter die Sense gebraucht. Solche und viele andere Handwerkertätigkeiten gilt es in rhythmische, dynamische Gesten umzuwandeln. Im Allgemeinen kann man mit der Geste sehr sparsam umgehen, was vielleicht an den Beispielen im zweiten Teil dieses Buches zu sehen ist.

Es muss gar nicht auf jede Zeile eine andere Bewegung gemacht werden – lieber sich weniger und ganz erfüllt bewegen als zu viel und sich dann gedrängt fühlen. Die Kinder können dann auch in aller Ruhe und Freude mitmachen. Oft reicht sogar eine einzige Bewegungsart für eine ganze Strophe, beispielsweise wenn das Rösslein zuerst langsam geht, auf den nächsten Vers trabt, dann springt und zum Schluss sich im Stall einfindet – «Mein Pferdchen geht leise» (1) – oder wenn das Wichtlein Erdbeeren sammelt – «Erdbeerlein am heißen Hang», S. 92

und (1) – oder die Schnecke durchs Gras schleicht – «Die Schnecke kommt herangekrauft» (2).

Es ist wohl selbstverständlich, dass die Geste mit dem Wort rhythmisch übereinstimmen sollte. Da das jüngere Kind vor Schuleintritt noch den wortgebundenen Rhythmus braucht, werden wir uns beispielsweise beim Hämmern, Klatschen oder auch Glockenläuten an den Silbenschritt halten. Die Kinder werden sich ihrer Altersstufe entsprechend mitbewegen, und man wird sie darin ganz frei lassen. Mit der Schulreife erwacht mehr und mehr das Bedürfnis, sich auch an dem Silbenschritt zu orientieren.

Geste im Reigen und in der Eurythmie

Wer als Erzieher mit der eurythmischen Kunst etwas vertraut ist, wird es leichter haben, sich in der angedeuteten Weise zu bewegen. Für das Finden geeigneter Gesten im Reigen wird er sich jedoch auch den Unterschied zu den Eurythmiegebärden ins Bewusstsein rufen. Diese entsprechen den Impulsen der Ton- und Sprachbildung, die in allen Werdeprozessen wirksam sind. Sie werden aus dem Erleben der Musik- und Sprachgeistigkeit heraus gestaltet. Im Reigen dagegen gestalten sich die Gesten im Zusammenhang des Menschen mit den Dingen wie der Naturumgebung und dem zwischenmenschlichen Geschehen.

Dabei handelt es sich immer um ein *äußeres* Nachahmen, etwa beim Ergreifen einer Sense oder den Arbeiten eines Handwerkers, beim Springen eines Tieres, beim Begrüßen oder Bedanken eines anderen Menschen, oder der Nachbildung einer wahrgenommenen Form, beispielsweise von der Sonne, dem Mond, einem Korb.

Mitunter mag es scheinen, dass auch eurythmische Gesten im Reigen vorkommen. Das liegt in der Natur der Sache und ist berechtigt; wenn sich z.B. die Fische in den Wellen tummeln, hat die Erzieherin die Wellenbewegung vor Augen. Sie denkt dabei zwar nicht an die lautbildenden Kräfte, die in den Wellen wirksam sind, dennoch wirkt dieselbe Kraft in der Geste, die von beiden gemacht wird. Bei der Kindergärtnerin geht der Impuls nur vom Miterleben und Nachahmen des betreffenden Naturvorgangs aus, beim Eurythmisten kommen Wissen und künstlerische Gestaltung der Gesetzmäßigkeit der Lautgestalt hinzu.

Unsachgemäße Vermischung von Eurythmie und Reigen werden nicht auftreten, wenn das Bewusstsein der Kindergärtnerin während der rhythmischen Spiele ganz bei den äußeren Verrichtungen ist, um die es geht, wohingegen der Eurythmist den geistigen Gesetzen der Ton- und Sprachbildung hingegeben ist. Eurythmie ist eben sichtbarer Gesang, sichtbare Sprache.

Die Sprache des Erwachsenen

Die Sprache sollte möglichst natürlich, ruhig und freudig und in der normalen Stimmlage gegriffen sein. Man wird auf eine gut durchatmete, verständliche Aussprache achten, und die Freude am Sprechen wird in mannigfaltiger Weise variiert werden können. Auf Stimmverstellungen oder Dramatik sollte jedoch verzichtet werden. Sie wirken entweder furchterregend oder faszinierend auf jüngere und vielleicht lächerlich auf größere Kinder, und das lenkt vom Wesentlichen ab.

Trotzdem werden wir das Charakteristische, z.B. des Polterns oder Huschens, Springens oder Raschelns, besonders in der Betonung der Konsonanten zum Ausdruck bringen können. Unsicherheiten im Text und ein Nicht-Vorausdenken führen leicht dazu, dass die Kinder anfangen, Unsinn zu treiben. Wirkliche Sicherheit im Umgang mit den Versen macht den Erwachsenen frei davon, sich ängstlich an den Text zu klammern. Er wird souverän und kann sich ganz auf die Kinder konzentrieren, die dann sofort eine Geborgenheit spüren und freudig mitmachen. Entfällt ihm dann wirklich einmal eine Zeile, wird er gewiss selbst einen eigenen Reim finden.

Die Kinder lassen wir ohne Anspruch auf Mitsprechen oder Mitsingen in den Spielen leben. Es ist ihnen selbst völlig unbewusst, ob sie mitsprechen oder mitsingen, wenn wir sie nicht darauf aufmerksam machen. Kinder, die im Kindergarten nur selten mitsprechen oder -singen, wiederholen oft zu Hause mit erstaunlicher Sicherheit den ganzen Ablauf, was uns zeigt, dass sie alles intensiv aufgenommen haben.

Das Singen des Erwachsenen

Beim Singen mit kleinen Kindern ist darauf zu achten, dass die Lieder nicht zu tief angestimmt werden. Der normale Umfang einer Kinderstimme beträgt etwa zwei Quinten, also vom d' bis zum e", Gemäß der Entwicklung des kleinen Kindes sollten wir Lieder in der Quintenstimmung (siehe Quellenverzeichnis, S. 104, Nr. 4) oder pentatonische Lieder bevorzugen. Wichtig ist, dass das Singen von einer gewissen Frische und Leichtigkeit durchzogen ist. Das Tempo sollte nicht schleppend, sondern eher dem noch etwas rascheren Pulsschlag des Kindes angepasst sein. Wiederum sollen wir auch nicht durch die Lieder eilen. Immer wieder stehen wir vor der schwierigen Aufgabe, das rechte Maß zu finden. Das gilt auch in Bezug auf die Lautstärke. Zaghaftigkeit ist ebenso wenig am Platz wie etwa die Tonfülle einer Sängerin.

Abschließend sei darauf hingewiesen, dass es sich bei den rhythmischen Spielen um das Erüben einer künstlerischen Tätigkeit in sehr differenzierter Weise handelt. Wie bei jeder Kunst, so ist auch hier das ständige Bemühen in den verschiedenen dargestellten Gebieten unerlässlich. Es wird aber mehr und mehr zur Fähigkeit. Und so brauchen uns beim Ausüben mit den Kindern die einzelnen Vorbereitungsschritte mit der Zeit nicht mehr ständig im Bewusstsein zu sein, und wir sind freier im pädagogischen Wirken.

Zur Form der rhythmischen Spiele

Wenn wir ernsthaft mit der Nachahmung der Kinder arbeiten, wird sich für die Form der Bewegungsspiele zunächst die lockere Gruppe ergeben. Der Erwachsene bewegt sich singend oder sprechend auf der Kreisbahn im Uhrzeigersinn, und die Kinder ziehen – mehr oder weniger in seiner Nähe – mit ihm herum, jedes auf seiner Bahn. Dabei ist das Kind frei in Bezug auf die Schrittgröße, auf den Weg, ob mehr innen oder außen, und auf das Tempo. Seine altersgemäße Möglichkeit nachzuahmen wird voll berücksichtigt. Aus eigenem Impuls, aus Freiheit lernt sich jedes Kind in den Bewegungsablauf einzufügen und wird nicht durch äußere Organisation aus seinem träumenden, hingebungsvollen Tun geweckt. Es kommt immer wieder vor, dass eines der dreijährigen Kinder staunend oder träumend stehen bleibt und alle anderen an sich vorbeiziehen oder um sich herum bewegen lässt. Oder aber es bewegt sich ganz in der Nähe des Erwachsenen, vielleicht sogar am Rockzipfel, mit. Im Gegensatz dazu folgen die fünf- und sechsjährigen Kinder in viel bewussterer Weise dem Erwachsenen. Sie brauchen meist viel Platz und bevorzugen es, den größten und weitesten Weg zu wählen. Im Verlauf der sinnvoll zusammengestellten Lieder und Verse wird im Umgang mit den dynamischen Elementen dieser Bewegungsspiele für Augenblicke immer auch mal eine Kreisform entstehen, die aber gleich wieder aufgelöst wird, da sie durch Bewegung und nicht als geronnene Form entsteht. Einen Kreis können wir als Erwachsene nicht vormachen; ihn zu bilden und zu halten erfordert ein besonderes Bewusstsein, nicht nur für die Form, sondern auch für die rechten und linken Nachbarn. Damit können wir sparsam umgehen, denn diese Fähigkeit erwacht auf natürliche Weise mit dem Zahnwechsel und wird dann selbstverständlich gekonnt.

Wenn wir uns mit den Kindern im Kreis oder kreisend bewegen, so fügen wir uns ein in alle uns umgebenden kosmischen Bewegungen wie zum Beispiell der Sonne und der Gestirne. Dies hat eine anregende Wirkung auf die Lebenskräfte der Kinder.

Selbstverständlich sind zwischendurch auch geformte Spiele möglich, in denen von der Kreisform ausgegangen wird. Dies ist in der zweiten Hälfte des Kindergartenjahres leichter, wenn die Kleinsten richtig gut eingelebt sind und von den Größeren mitgetragen werden. Aber auch jetzt fordern wir die Kinder nicht auf, sich in einen Kreis zu stellen, sondern nehmen selbst zwei Kinder bei der Hand, warten, bis einige Kinder es auch so machen und sich dann der Kreis schließt.

Es kommt auch darauf an, ob nicht zu viele Kinder in der Gruppe sind, die gerne – wenn sie angefasst sind – zerren oder den Kreis nicht halten können und immer nach innen ziehen. Wer versucht, überwiegend mit der Form der lockeren Gruppe zu arbeiten, wird mit zunehmender Freude und Erfahrung die geheimnisvollen Vorgänge der Nachahmung entdecken können. Er wird auch feststellen, dass eine sporadisch für kurze Augenblicke sich bildende Kreisform fast mühelos möglich wird.

Elemente in den rhythmischen Spielen

Freude und Heiterkeit überwiegen als die Grundelemente bei diesem Tun und Geschehen, das von einer lebendigen Dynamik, von emsigem, fröhlichem Schaffen und gelegentlich auch feierlichen, ernsten Augenblicken geprägt ist. Alle Elemente, besonders die Polaritäten schnell – langsam, lebhaft – verhalten, groß – klein, polternd – huschend, fröhlich – ernst, energisch – zart, sind in einen Sinnzusammenhang eingebettet. Man setzt sie ein bei den Wiederholungen einzelner Zeilen oder Zeilenpaare und ganzer Verse oder einzelner Strophen. Hat man z.B. gerade das Gewitter (siehe *Erntereigen,* S. 40) gemacht, kann sich ein sehr starkes Gewitter daran anschließen, bei dem dann die Gesten entsprechend größer und kräftiger oder sogar lauter gemacht werden. Zum Schluss kommt dann das allerkleinste Gewitter, von dem fast gar nichts mehr zu hören ist. Oder es hocken die Zwerge im Berg und klopfen zuerst mit ihrem goldenen Hämmerlein, dann mit einem kleinen silbernen oder auch einmal mit einem ganz besonders dicken und schweren Hammer. Dann trippeln sie schnell davon, und es folgt der Riese, der mit großen, kräftigen Schritten daherstampft.

Wieder ein anderes Beispiel war in dem «Taubenhausspiel» (S. 17 f.) zu sehen, bei dem ein ständiger Wechsel zwischen «weit» und «gelöst» und «zusammengezogen» und «eng» herrscht.

Wenn wir uns intensiv und freudig genug mit

der Eigenart oder Wesensart der verschiedenen Elemente verbinden, sodass ein großer Atem durch das ganze Tun weht, dann werden uns auch die Kinder beglückt und hingebungsvoll folgen. Wir achten aber darauf, dass wir nicht zu schnell von einem zum anderen Element wechseln. Die Kinder müssen wirklich jeweils eintauchen können. Ein zu rascher Wechsel, ohne eine – wenn auch ganz winzige – Pause, wirkt weckend und macht die Kinder eher unruhig als harmonisch. Beim Übergang von einem Bewegungselement in ein nächstes ist – auf jeden Fall bei den ersten Malen – ein überleitendes Wort des Erwachsenen sinnvoll. Immer werden die rhythmischen Spiele durch die verschiedenen Elemente in ihrer genannten Gegensätzlichkeit von einem großen Spannungsbogen des Anhaltens und Sich-lösenden-Bewegens durchzogen. Dies ist eigentlich das Grundelement, das nicht nur die einzelnen Verse und Lieder, sondern das ganze Reigengeschehen prägt. Die Kinder werden behutsam von der einen Polarität in die andere geführt und finden dadurch individuell zur inneren Harmonie. Selbstverständlich ist das wiederholende Tun, von Tag zu Tag, dabei eine große Hilfe.

Differenzierungen, Rollenverteilung, Verkleidungen

Das kleine Kind kann sich mit größter Selbstverständlichkeit und innerer Beweglichkeit in verschiedene Situationen und Rollen nacheinander hineinfinden. Mit dieser Möglichkeit arbeiten wir auch in den rhythmischen Spielen. Selbstverständlich muss der Erwachsene bei sich selbst eine natürliche Frische und Wandelbarkeit erhalten und erzeugen.

Wenn wir eine neu zusammengesetzte Kindergruppe haben, wie das meist am Beginn eines Kindergartenjahres oder zu besonderen Gelegenheiten, z.B. bei Kinderfesten in der Familie, der Fall ist, dann werden wir am besten zunächst alle Kinder das Gleiche mitmachen lassen. Es ist dies gar keine Frage bei den Kindern, dass sie beispielsweise zuerst der Hufschmied sind, der das Rösslein beschlägt, und dann das Rösslein selbst; oder zuerst die Schnecke, die langsam daher kriecht, und dann das muntere Kind, das gerne schnell laufen möchte, siehe «Ach, wie langsam ...» (1); oder der Zwerg im Berg und im nächsten Moment der Riese.

Wenn über mehrere Tage die gleichen Spiele gemacht werden und die Kinder wirklich gut damit

vertraut sind, können Differenzierungen in verschiedene kleine Gruppen vorgenommen werden. Dies ist aber nur nötig, wenn man den Eindruck hat, dass die Größeren etwas «mehr» brauchen. Das «Mehr» kann aber auch darin bestehen, dass der Erwachsene kleine Nuancen durch die verschiedenen Elemente in die Spiele (siehe S. 32 f.) hineinbringt oder aber eine kleine neue Begebenheit einflicht. Wenn Aufteilungen in verschiedene «Rollen» vorgenommen werden, dann ist es ratsam, immer kleine Gruppen, nicht einzelne Kinder dafür zu wählen und möglichst nicht ein Kind allein in die Mitte zu stellen. Die kleine Gruppe gibt den Kindern Sicherheit und Geborgenheit.

Wer mit der Nachahmung sehr vertraut wird, kann auf Verkleidungen weitgehend verzichten. Die Kinder brauchen sie kaum, denn sie sind in jedem Augenblick die jeweilige Gestalt und mit dieser auch durch die Nachahmung aufs innigste verbunden. Ausnahmen bilden das kleine Weihnachts- und Dreikönigsspiel und vielleicht auch einmal ein zu einem bestimmten Anlass zusammengestellter Reigen.

Hilfen bei Störungen und pädagogischen Schwierigkeiten

Bei Schwierigkeiten, die im Zusammenhang mit den rhythmischen Spielen auftreten, werden wir gewiss zuerst auf eventuelle eigene Mängel schauen und uns fragen: War die Durchführung wirklich so, dass jede der verschiedenen Altersstufen genügend engagiert und auch nicht überfordert war? Waren die Texte und Melodien sicher gekonnt? Waren die eigenen Bewegungen gut durchdacht und sicher ausgeführt? War vielleicht das Tempo zu rasch oder zu langweilig? Wurde genügend wiederholt und doch auch nicht zu viel? Wie war es mit der Freude beim Tun und der nötigen Leichtigkeit?

Nach diesen Fragen blicken wir nun auf die Kinder und versuchen uns in aller Ruhe die schwierige Situation noch einmal zu vergegenwärtigen. Ist es ein bestimmtes Kind, von dem eine Störung ausging? Stört es auch sonst im Tagesablauf und hat besondere Schwierigkeiten? Hat es Mühe, mit dem Mund und seinen Gliedern zur Ruhe zu kommen, d. h. seine Unruhe über dem Nachahmen zu vergessen? Macht es absichtlich Dummheiten, indem es anderen Kindern z. B. hinten auf die Fersen tritt, mit dem Finger in den Rücken stupft oder gar ein Bein stellt? Oder lenkt es durch Faxenmachen die Aufmerksamkeit der anderen Kinder auf sich und animiert sie, es ihm gleichzutun? Ein jüngeres Kind (drei- oder vierjährig) werden wir ohne Unterbrechung und ohne besondere Worte zunächst an die Hand nehmen. Wenn Bewegungen im Stehen durchgeführt werden, wird man darauf achten, dass dieses Kind dicht bei einem steht. In jedem Fall ist es ratsam, solche Kinder immer im Auge zu behalten. Sie spüren diese besondere Zuwendung und sind dadurch innerlich gehalten. Im Allgemeinen vergessen sie bald alles andere und fügen sich freudig ein. Kinder, die sich noch nicht mitbewegen, allenfalls in der Gruppe mitlaufen, werden wir ganz in Ruhe lassen, dürfen sie aber nicht aus dem Bewusstsein verlieren. Wenn etwa ein Fünfjähriger stört oder sich übertrieben schlampig bewegt, können wir einmal kurz innehalten, staunen und etwas Entsprechendes sagen, z.B. wenn er einem anderen Kind auf die Ferse getreten hat: «Hoppla, ich glaube, du hast heute ungeputzte Schuhe an, komm, wir putzen sie geschwind.» Wir bürsten alle die Schuhe und sagen dazu:

«Putze putze blank im Nu,
putze putze blank den Schuh.»

(dabei mit der linken Hand wie in einen Schuh greifen und mit der rechten Hand die Bürstenbewegung ausführen)

Dies einmal wiederholen, dann die Geste des Schuhe-Anziehens folgen lassen und sofort im Ablauf weitermachen. Der Schuh kann auch einen Absatz verloren haben, der geschwind – mit entsprechendem Vers – wieder festgenagelt wird. Unter Umständen begegnet uns auch gerade die Gänsemutter mit ihren vielen neugeborenen Gänsekindern, die können erst winzige Schritte machen. Und schon laufen wir alle mit Gänseschrittchen. Natürlich muss uns dazu geschwind ein Vers einfallen, oder wir dichten selber zwei Zeilen.

Wir können auch gelegentlich staunen, dass vielleicht bei einem Knecht die Samenkörner auf den Weg anstatt auf den Acker fallen.

Worauf es ankommt, ist, dass die Kinder durch solch eine ganz kleine, mit echtem Staunen verbundene Unterbrechung von ihren Dummheiten abgelenkt werden. Gelingt dies nicht, so würde ich auch solche Kinder vorübergehend an die Hand nehmen. Redewendungen wie «Wenn du jetzt nicht aufhörst, kannst du nicht mehr mitmachen» sind meist nicht sehr erfolgreich und führen zu keiner glücklichen Schaffensstimmung. Wenn bei sechsjährigen Kindern das bildhafte Ansprechen mit dem Staunen nicht hilft, können wir sie auch direkt ansprechen. Es ist aber immer besser, wenn wir ihnen sagen, was sie tun sollen, als wenn wir ihnen sagen, was sie nicht tun sollen – wenn man sich also an jenes pädagogische Gesetz hält: nicht verbieten, ohne anzubieten. Wenn z.B. ein Kind beim Vogelfliegen herumrast, könnten wir sagen: «Bei dir fliegt die Vogelmutter jetzt mal ganz vorsichtig»; oder wenn die Schnecken daherkriechen und ein Kind schwätzt immer dazwischen oder macht dumme Bemerkungen: «Dein Mund sagt jetzt nur noch das von den Schnecken» oder: «Jetzt ist keine Sprechstunde, sondern Schneckenspaziergang.» Und wenn das nicht hilft: «Und jetzt bist du ganz still.» Es sollte dies in einem bestimmten, aber nicht lauten Ton geschehen. Es ist wichtig, dass solche Kinder spüren, wo die Grenzen sind. Bei allem werden sie gleichzeitig unbewusst empfinden, dass wir ihnen wirklich zur Seite stehen und Halt geben.

Es gibt aber auch Schwierigkeiten, die sozusagen die ganze Gruppe betreffen. Wenn z.B. eine Gruppenleiterin neu eine Gruppe übernimmt, die die rhythmischen Spiele – in der lockeren Gruppe durchgeführt – nicht gewöhnt waren, so kann Unsicherheit entstehen. Sie wird dann so lange eine Übergangslösung finden müssen, bis sie die Kinder gut in der Hand hat. Jede Unsicherheit des Erwachsenen spüren die Kinder sofort, und sie sind dann leicht abgelenkt und können nicht hingegeben nachahmen.

An Tagen, wenn es draußen recht windig oder ein Wetterwechsel deutlich spürbar ist, plötzlich ein Gewitter aufzieht oder ein besonderes Ereignis wie vielleicht die Ankunft eines Zirkus die Kindergemüter erregt, sodass sie lieber herumtoben oder sich auf den Bauch fallen lassen würden, werden wir zu etwas Besonderem greifen müssen, um die Schar in eine sinnvolle Bewegung zu führen. Wie ein Wunder wirkt es zum Beispiel, wenn es heißt: «Heute kommt der Fritz Fratz Friederich.» Er ist eine Fantasiegestalt und macht lauter neckische Dinge.

Fritz Fratz Friederich,

Mit dem Zeigefinger: sich auf den Kopf tippen

warum bist du so liederlich?

sich auf den Bauch tippen

Ich bin ja gar nicht liederlich,

sich auf den Rücken tippen

ich heiß' nur Fritz Fratz Friederich!

sich auf den Kopf tippen

Den Vers mehrmals mit jeweils einer anderen Bewegung wiederholen: zum Beispiel:

- vorne, hinten, oben, vorne klatschen: mit der ganzen Hand oder mit zwei Fingerspitzen
- mit der Fußspitze tippen: vorne, hinten, seitlich, anstellen
- auf einem Bein hüpfen, auf dem anderen hüpfen, mit beiden Beinen hüpfen, still stehn.

Solch ein harmlos-fröhliches Tun löst bei den Kindern unmittelbar Heiterkeit aus. Es wirkt aber auch sehr ordnend. Die Kinder blicken plötzlich aufmerksam und erwartungsvoll zum Erwachsenen auf, der sich innerlich sehr anstrengt, damit er genügend Einfälle auch für alles Sichanschließende hat. Der Vers muss gut rhythmisch, nicht zu schnell und mit kleinen Pausen gesprochen werden. Selbstverständlich darf der Fritz Fratz Friederich nur sehr selten kommen, sonst verliert er seine Wirksamkeit. Wenn aber einmal die Sechs- bis Siebenjährigen kurz vor der Schule ausprobieren wollen, was geschieht, wenn sie nicht wie sonst aufstehen und zum Reigen kommen und dann der Fritz Fratz Friederich erscheint, dann sind sie im nächsten Augenblick dabei.

Mit zunehmender Erfahrung werden die Schwierigkeiten abnehmen. Eine große Hilfe für die Kinder bedeutet es, wenn der Erwachsene viel Fantasie entwickelt und sich immer wieder neu um gute Einfälle bemüht.

Für einen harmonischen Ablauf der rhythmischen Spiele ist auch die Tätigkeit vorher und der Übergang zur folgenden besonders zu bedenken. Wenn die Kinder vorher in den Waschraum gehen, so können sie sich anschließend – je nach Platzverhältnissen – in der Garderobe oder am Tisch einfinden. Mit dem letzten Kind setzt sich auch der Erwachsene. Er lässt den Blick noch einmal herumgehen und strahlt damit Ruhe aus, die auch die letzten Zappelfüße und Plappermünder erreicht. Es braucht nur ein ganz winziger Moment des Innehaltens zu sein, und man braucht nicht pedantisch Ruhe zu fordern. Dann steht der Erwachsene zielbewusst auf, vielleicht mit einer zum Reigeninhalt hinführenden Bemerkung, wie z.B. «Holen wir uns schon die Sensen», wenn der Erntereigen beginnt. Oder ganz einfach: «Jetzt gehn wir schaffen.» Seiner munteren Aufforderung folgen die Kinder allermeist gern. Er muss nur gleich mit der Tätigkeit beginnen und braucht nicht zu warten, bis auch der Allerletzte angekommen ist und alle etwa ganz still stehen. Unmittelbar aus dem Herkommen darf es in die geformte nachgeahmte Bewegung übergehen.

Anders ist es natürlich, wenn mancherorts den rhythmischen Spielen ein Morgenlied und ein Spruch vorausgeht. Dies kann nur aus der absoluten Ruhe heraus geschehen.

Zum Abschluss der Spiele werden wir immer etwas Ruhiges machen. Auch hier kann es sich um einen sehr kurzen Augenblick handeln. Wenn z.B. das Rösslein tüchtig gesprungen ist, kommt es dann in seinen Stall und ruht. Oder die Zwerge kommen vom Schaffen zurück und schlafen mit einem Abendlied ein. Manchmal heißt es dann anschließend: «Am Morgen, wenn die Sonne lacht, sind alle wieder aufgewacht und eilen schon zum Frühstück.» Oder wenn die Knechte vom Acker zurückkommen, steht schon die Bäuerin in der Tür und ruft: «Herbei, herbei, 's gibt Hirse- (oder guten) Brei.» Es kann auch ganz einfach heißen, nachdem alles zur Ruhe gekommen ist, «jetzt ist schon Frühstückszeit» oder «und jetzt gehen wir frühstücken». Wenn eine andere Tätigkeit folgt, wird man in ähnlicher Weise den Übergang finden. Hilfreich ist es für die Kinder in jedem Fall, wenn der Übergang «gegriffen» ist und der Erwachsene aktiv genug vorausdenkt. Es kann dieses rhythmische Geschehen besser in den Kindern nachklingen, und sie werden nicht so leicht wieder tumultuarisch und müssen auf irgendeine Weise zur Ruhe gebracht werden.

Einige der bei dem Themengang durch das Jahr schon genannten Spiele, Reigen und Tänze werden im Folgenden ausführlich dargestellt und mit beispielhaften Bewegungshinweisen versehen.

SPIELE, REIGEN UND TÄNZE

Erntereigen

Wir gehn aufs Feld mit flinkem Schritt	Die Sense geschultert im Uhrzeigersinn herumgehen.
und nehmen unsre Sense mit.	
wiederholen	
Silbersensen blinken,	Die Sensenbewegung ausführen und dazu rhythmisch gehen.
goldne Garben sinken,	
hoher Halme Ährentracht,	
Sonne hat sie reif gemacht. (M. Tittmann)	
Wir binden die Garben,	Mit dem rechten und linken Arm abwechselnd einen Bund Ähren aufhebend umfassen.
wir binden sie gut,	
wir binden, wir binden	
mit frohem Mut.	
Wir bauen uns ein Garbenhaus wiederholen	Mit beiden Armen die Garben aufheben und aufstellen.
und schlüpfen rein und schauen raus.	Hinhocken und mit den Händen ein Guckloch andeuten.
	Wenn wir im Garbenhaus sitzen, überrascht uns manchmal ein Gewitter.
	Alle Zeilen zweimal sprechen – jeweils auf den Boden klopfen:
Es tröpfelt,	Mit beiden Zeigefingern sachte klopfen.
es regnet,	Mit allen Fingern nacheinander zart klopfen.
es hagelt,	Mit den Fingerknöcheln klopfen.
es pladdert,	Mit den geöffneten Handflächen auf den Boden klatschen.
es donnert,	Mit den geballten Fäusten trommeln.
es blitzt,	Beide Zeigefinger blitzartig in die Höhe strecken.
scheint die liebe Sonne wieder.	Mit beiden Armen eine Sonne bilden.

Beim großen oder starken Gewitter werden die Bewegungen entsprechend kräftig, beim kleinen Gewitter ganz sachte ausgeführt.

Von der Ferne hören wir den Bauernwagen, der die Garben heimholt.

Einige «Knechte» stehen der Gruppe gegenüber «auf dem Wagen».

Wir laden sie hoch auf den Wagen hinauf,

Sie fangen die hochgeworfenen Garben auf.

mehrmals wiederholen

Alle springen «hinauf».

und dann ganz zum Schluss sitzen wir obenauf.

Wir halten mit beiden Händen die Zügel und bringen laufend, trabend, gehend mit folgendem Lied den Wagen in die Scheune:

Text: M. Garff, Melodie: F. Jaffke

1. Wir fah – ren un – sern Wei – zen ein, das glänzt wie lau – ter Gold,
2. Die letz – te Gar – be las – sen wir den Vög – lein auf dem Plan,
3. Das Zwerglein holt sich auch ein Korn und bäckt dar – aus ein Brot,

1. wenn in die leer ge – feg – te Scheun der Ern – te – wa – gen rollt.
2. die sin – gen uns ein Lied da – für, das hört sich lus – tig an.
3. es ho – cket hin – term Ha – ge – dorn und lei – det kei – ne Not.

Wir springen vom Wagen herunter.

Wir werfen froh und munter
die Garben jetzt herunter.

wiederholen

Die «Knechte» werfen die Garben hinunter, die anderen fangen sie auf.

Wir dreschen, wir dreschen, wir dreschen das Korn, und ist es gedroschen, so geht es von vorn. Die Schlegel, die fliegen, sie fliegen im Takt. Schlag i na, schlag du na, klipp klapper di klapp. (Volksgut)		Dreschen mit dem «Dreschflegel».
Wir sammeln die Körner in Säcke	wiederholen	Der linke Arm bildet vor der Körpermitte einen Halbkreis als Sack, die rechte Hand hebt die Körner auf und füllt sie in den Sack. Den Sack zubinden.
und tragen sie fort eine Strecke.		Den Sack schultern und gebückt tragen.
Wir bringen gebückt, aber munter alles zur Mühle hinunter.		Zum Schluss den Sack beim Müller abstellen und ihn bitten, das Korn zu malen.
Klipp klapp, mahl das Mehl, dass es an Brot uns nicht fehl.		leicht klatschen
Sause brause, lieber Wind, hier auf unserm Hügel, unsere Mühle will geschwind drehn die großen Flügel.		Vorsichtig mit ausgebreiteten Armen die Windmühlenflügel drehen.
Auch beim Wasserrad wird Mehl gemahlen.		
Mahle, Mühle, mahle, Wasser läuft zu Tale. Mühlrad klappert Tag und Nacht, bis das Korn zu Mehl gemacht. (S. König)		Hände langsam umeinander drehen.

Nun bringen wir den Mehlsack zum Bäcker.

Wir bringen gebückt, aber munter
den Mehlsack zum Bäcker hinunter.

Den Sack schultern und gebückt tragen.

Der Bäcker will uns Obstkuchen backen und
schickt uns in den Garten, um Früchte zu holen.

Jetzt gehn wir in den Garten,
nicht länger wolln wir warten.
wiederholen

Mit der Geste des Korbtragens herumgehen.

Bäumchen, rüttel dich,
Bäumchen, schüttel dich,

In Schrittstellung stehen, die Arme vorne in einem offenen Kreis gehalten – baumumfangend. Beim Schütteln das Körpergewicht von einem auf den anderen Fuß verlagern.

wirf alle Äpfel (Pflaumen) ab für mich.

Beide Hände mit bewegten Fingern von oben nach unten führen – wie beim Regnenlassen.

Wir sammeln alle Äpfel (Pflaumen) ein
wiederholen

Mit beiden Händen die Äpfel aufheben und in den Korb legen.

und tragen sie dem Bäcker heim.

Den Korb zum Bäcker tragen.

Bäcker bäckt uns einen Kuchen,
dürfen alle ihn versuchen.

Mit dem linken Arm eine Schüssel formen, mit der anderen Hand die Rührbewegung rechtsherum ausführen.

Wir rollen her, wir rollen hin,
bis der Teig ist glatt und dünn.
mehrmals wiederholen

Mit beiden Händen und Armen eine große Bewegung wie mit der Teigrolle ausführen.

Nun legen wir die Früchte drauf,
ganz dicht. Dann noch eine Reihe –
und noch eine Reihe.

Sorgfältig mit der flachen Hand die «Obststückchen» reihenweise auf den «Teig» legen.

Jetzt öffnen wir die Ofentür:

Schieb, schieb in' Ofen rein,
der Kuchen wird bald fertig sein.

Mit beiden Händen rhythmisch das «Blech» einschieben.

wiederholen

Es gibt nun verschiedene Möglichkeiten des Abschlusses. Entweder man lässt die müde gewordenen Knechte und Gesellen ein Schläfchen machen mit dem Lied «Nun kommt die gute Mutter Nacht» (4) (hinhocken und den Kopf auf die zusammengelegten Hände legen), oder man kann einen Überleitungssatz zu der sich anschließenden Tätigkeit z.B. des Frühstücks finden.

Beim Austeilen des Erntebrotes am Erntedankfest singen wir:

Vom Brot

Melodie: F. Jaffke

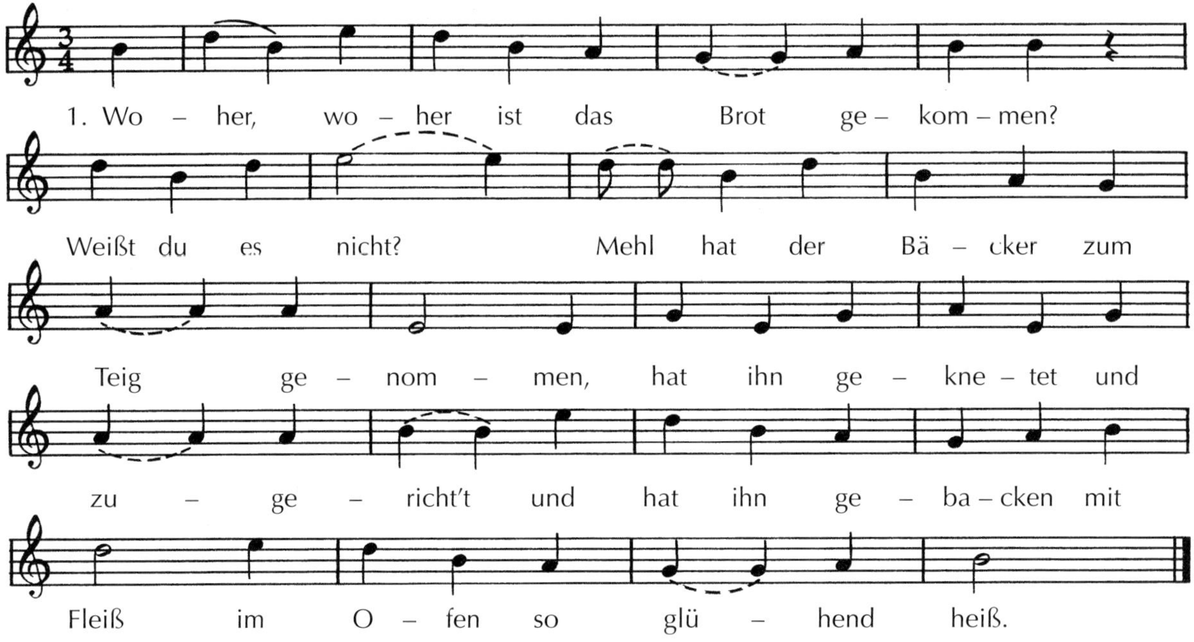

2. Woher, woher ist das Mehl gekommen?
Weißt du es nicht?
Der Müller hat Korn in die Mühle genommen,
Gab's in der Steine Gewalt und Gewicht,
Die mahlten das Korn (so) geschwind.
Die Mühle drehte der Wind.

3. Woher, woher ist das Korn gekommen?
Weißt du es nicht?
Der Bauer hat viele Körnlein genommen.
Er säte sie aus so dicht bei dicht
in den Acker, den er bestellt.
Da wuchs das Korn auf dem Feld.

4. Woher, woher ist das Wachsen gekommen?
Weißt du es nicht?
Mutter Erde hat es von Gott genommen.
Er segnete sie mit Liebe und Licht,
Er schenkte der blühenden Au
Wind, Sonne, Regen und Tau.

(M. Tittmann)

Riesen und Zwerge

Es zipfelt ein Röckchen,	In lockerer Gruppe zusammenstehen. Im Stehen mit beiden Händen seitlich am Röckchen oder der Hose ein wenig rauf und runter zupfen.
es klingelt ein Glöckchen,	Mit beiden etwas erhobenen Händen läuten.
Pantöffelchen klappen,	Mit beiden Füßen auf den Boden tappen.
zwei Händchen, die tappen,	Zart klatschen.
es guckt ein Gesichtchen.	Die Hände an die Stirn legen (Schaugeste).
Was war das? Ein Wichtchen!	Den Zeigefinger vor der Brust hoch strecken oder eine Zwergenmütze formen.
(M. Garff)	
Zieht das Zauberröcklein an,	
spinnt den Nebel drum,	Mit beiden Händen zweimal von vorne nach hinten das Röcklein umgreifen.
dass uns niemand sehen kann,	
um den Berg herum!	Beide Fäuste nebeneinander auf die Brust legen.
Holt den Hammer und die Zangen,	
steckt sie in den Sack,	Mit beiden Fäusten aufeinander klopfen.
nehmt ihn huckepack,	
und nun wird zum Berg gegangen!	Sack schultern und zum Gehen umwenden.
(H. Diestel)	
Die Zwerge, die Zwerge,	
die ziehen hin zum Berge,	Das Säcklein geschultert mit Zwergenschritten im Uhrzeigersinn herumgehen.
sie tragen alle huckepack	
den großen, schweren Zwergensack.	
Tief im Berg, tief im Berg	
klopft und hämmert der kleine Zwerg.	Am Boden hocken und klopfen. Mehrmals wiederholen – mal kräftiger, mal zarter. Zum Schluss ganz kräftig, das hat dann der Riese gehört.
(S. Resky)	

Und kommt der alte Ries' daher
mit seinen großen Stiefeln schwer,
der will die Zwerge schrecken,
die müssen sich verstecken.
Sie lachen aus dem Zwergenhaus
den großen alten Tolpatsch aus.
Kommt dann der Riese Munkeport,
husch, husch, sind alle Zwerge fort.

(unbekannt)

Mit großen, schweren Riesenschritten herumgehen.
Geschwind hinhocken, den Kopf in den Armen verstecken.
Mit geöffneten Händen und bewegten Fingern lachen.
Mit Riesenschritten gehen.
Flink alle zusammen in eine Ecke laufen und sich hinhocken.

Dort schlummert der Riese,
er schlummert in Ruh'.
Wir gehen auf Zehen
ganz leis auf ihn zu.
Wir zupfen ihn da,
wir zupfen ihn dort,
doch wenn er sich rührt,
husch, springen wir fort.

Mit der Hand in die Richtung deuten, wo der Riese liegt.
Auf Zehenspitzen zu dem Riesen gehen.
Vorsichtige Zupfgesten über dem «Riesen» machen.
Abwartend die Bewegung anhalten.
In die Ecke zurücklaufen.

Nun gehen wir auf Zehenspitzen noch einmal zum «Riesen», um zu sehen, was er jetzt macht.

Nun schüttelt der Riese
den zottigen Schopf
und reckt sich und streckt sich
und hebt seinen Kopf,
da kitzelt ein fürwitzig
Strählchen ihn sacht,
und da hat der Riese
«hapischa» gemacht.

(M. Garff)

Sich langsam aufrichten und den Kopf langsam schütteln.
Zuerst den einen, dann den anderen Arm hoch strecken und zum Schluss den Kopf heben.
Mit beiden Händen ganz zart in der Nasengegend eine streichende Bewegung machen.
Auf «hapischa» in die Hände klatschen.

Der Riese geht nun wieder fort,	Mit Riesenschritten herumgehen.
er sucht sich einen andern Ort.	
Oder:	
Da geht der Riese mit Gebrumm	
und sucht im ganzen Wald herum.	
Er sieht die Zwerge und fragt:	
«Seid ihr das gewesen?»	Wie ein Riese nach unten schauen.
Wir sagen: «Kann sein.»	Nach oben schauen und mit dem Kopf ein wenig verneinen.
Da schmunzelt der Riese	
und geht wieder heim.	Mit schweren Schritten weitergehen.
Die Zwerge nehmen schnell ihr Säcklein und springen in die Berge.	
Trippeltrappel, aus dem Berge	Das Säcklein geschultert auf Zehenspitzen geschwind herumlaufen.
kommen die geschwinden Zwerge,	
halten fest ihr Silbersäcklein,	
und es klingt ihr Zauberglöcklein:	Im Stehen mit einer Hand das Glöcklein schwingen.
Klinglinglinglingling …	
Trippeltrappel, in dem Berge	Im Hocken mit beiden Fäusten aufeinander oder am Boden hämmern.
hämmern die geschwinden Zwerge	
Gold und Silber für ihr Säcklein,	
und es klingt ihr Zauberglöcklein:	Mit einer Hand das Glöcklein schwingen.
Klinglinglinglingling …	
Trippeltrappel, in dem Berge	
schlafen nun die müden Zwerge	Den Kopf auf die beiden aufeinandergelegten Hände legen (Schlafgeste).
in den grauen Nebelröcklein,	
träumen von dem Zauberglöcklein:	
Klinglinglinglingling … (H. Diestel)	Mit einer Hand ganz zart läuten.

Gesungen:

Leise geht der Abendwind
durch die müden Berge,
schläfrig auch die Vöglein sind
und die kleinen Zwerge. (8)

Mit der Schlafgeste während des ganzen Liedes am Boden hocken. Am Schluss noch einen Moment nachlauschen.

Suchen schnell ihr Häuschen auf
dort in der alten Wurzel,
schlafen nach des Tages Lauf,
klein Pirzel und klein Purzel. (J. Klose)

Möglich ist es auch, den «Zwergen» Laternen anzuzünden, die ihnen auf dem Heimweg oder beim Schaffen im Berg leuchten. Wir geben dann immer zwei Kindern ein Laternchen, das sie abwechselnd tragen dürfen. Dazu singen wir «Laterne, Laterne, leuchtet wie die Sterne» (8) oder eines der beiden folgenden Lieder.

Laternenlied

Melodie: F. Jaffke

Laternenlied

Text: M. Garff, Melodie: F. Jaffke

Wohin, wohin, du Wichtelmann

Text: H. Diestel, Melodie: I. Zickwolff

Eine Gruppe von Kindern hockt am Boden in der «Zwergenwerkstatt». Eine zweite Gruppe läuft mit der Geste des geschulterten Säckleins auf die ersten sechs Takte außen herum, bleibt dann stehen, und alle klopfen auf die folgenden Takte mit den Fäusten aufeinander. Es wird dies mehrmals wiederholt, jedoch vorher gesagt, worum man nun bitten will. Anstelle des «Kröneleins» fürs Söhnelein vielleicht ein Ringelein fürs Kindelein, ein Kettelein fürs Schwesterlein oder ein Becherlein fürs Töchterlein.

Nikolaus

Aus hohem Wolkenschlosse*
auf seinem weißen Rosse
hernieder reitet mit Gebraus
der heilige Sankt Nikolaus.

Zwei oder drei Kinder gehen als Nikolaus mit würdigen Schritten um die anderen, in lockerer Gruppe zusammenstehenden Kinder herum und treten zum Schluss in die Mitte, wo sie dann stehen bleiben.

Im Wald die kleinen Hasen
erheben ihre Nasen,
der Hirsch mit seinem Horn
springt über Busch und Dorn.

Alle anderen Kinder bewegen sich mit dem Erwachsenen um den «Nikolaus» und deuten mit beiden Händen am Kopf die Hasenohren an.
Mit erhobenen Armen und weit geöffneten Fingern das Hirschgeweih andeuten und herumgehen.

Und alle lieben Tiere,
die kommen schnell herfüre
und neigen sich zur Erd'
vorm Reiter auf dem Pferd.

Mit den Händen etwa in Brusthöhe Tierpfoten andeuten im Herumgehen.

Im Stehen zur Mitte gewandt sich zweimal verneigen.

Wir aber wollen lernen
ein Lied von goldnen Sternen,
das singen wir ihm vor,
klopft er an unser Tor.

(M. Garff)

Mit vor der Brust gekreuzten Armen herumgehen.
Stehen bleiben, zur Mitte gewandt.

Gegen die linke geöffnete und aufrecht gehaltene Hand mit der rechten Faust klopfen.

* Melodie siehe (4)

Weihnachtsspiel

Bei diesem kleinen Weihnachtsspiel, das aus Liedern und Gedichten sowie Übergangstexten zusammengefügt wurde, handelt es sich nicht um ein Spiel, das mit verteilten Rollen und von den Kindern allein gesprochen oder gesungen wird. Der Erwachsene singt und spricht alles, und die Kinder, die ja täglich in ein anderes Gewand schlüpfen, sprechen und singen mehr oder weniger alles mit. Auch geht der Erwachsene alle Wege jeweils mit und macht alle Gesten. Unaufgefordert falten z. B. immer einige Engel die Hände und sprechen ganz selbstverständlich mit, wenn die Hirten vor der Krippe knien und das Kind anbeten. Das Spiel soll ja noch ganz aus der Nachahmung heraus vollzogen werden, sodass die Kinder ihrem Alter gemäß in dieses wunderbare Geschehen eintauchen können. Es darf noch nicht ein einstudiertes Spiel sein, bei dem jedes Kind für seine Rolle verantwortlich ist. Diese Tatsache ist auch für die Vorbereitung der Eltern auf die Weihnachtsfeier besonders wichtig. Sie sollen nicht in dem Bewusstsein leben, dass sie nun von den Kindern etwas vorgeführt bekommen, sondern dass sie vielmehr an diesem besonderen Tag Mitwirkende sind. Im großen Halbkreis sitzen sie dann um uns herum und singen die Lieder in zurückhaltender Weise mit. Einige spielen dazu auf Leiern und Kinderharfen. Ihr Blick ruht mehr über dem Ganzen, denn ein fixierter Blick auf das eigene Kind würde dieses in seinem hingebungsvollen Tun eher stören.

Gewänder:

Maria	rotes Kleid und blauer Mantel
Josef	brauner Mantel, Hut, Stock, Laterne
Öchslein	braun-rotes Tuch oder Kittel
Eselein	blaues Tuch oder Kittel
Engel	dünne gelbe Tücher (bei der Weihnachtsfeier gelbe oder weiße Kleider, die Tücher mit Kronenbändern um den Kopf gebunden, oder Sternenkronen)
Sternenengel	gelbes oder weißes Kleid, Krone mit Fünfstern, Sternstange mit Sechsstern
Hirten	farbige Tücher aus Baumwollnessel, geknotet oder mit einer Kordel als Mantel umgebunden, oder einfache Kittel; Hüte

Die Gaben:	Schafwolle Milchflaschen (Birkenstämmchen) Schaffellchen (als Schäfchen)	jeweils so viele, dass alle Hirten etwas mitbringen können

Zum Ablauf

Es empfiehlt sich, zunächst die Stühle und die Krippe und den Tisch für die Gaben zu richten (siehe Skizze) und die Tücher zum Verkleiden bereitzulegen. Jedes Kind, das verkleidet ist, setzt sich dann auf den seinem Gewand entsprechenden Platz. Wenn alle Kinder bekleidet sind, der Sternengel seine Sternstange, der Engel, der das Kind bringt, das Kind, sowie Josef seinen Stab und die Laterne bekommen haben, stehen die Engel auf und gehen ins Engelshaus. Sie stellen sich so auf, dass der Engel mit dem Stern vorne steht, hinter ihm die anderen Engel und zuletzt der Engel, der das Kind bringt. Maria und ein sie begleitender Engel stellen sich vor den Sternengel, Josef mit Öchslein und Eselein gehen in die Herberge gegenüber (siehe Zeichnung), die Hirten bleiben sitzen.

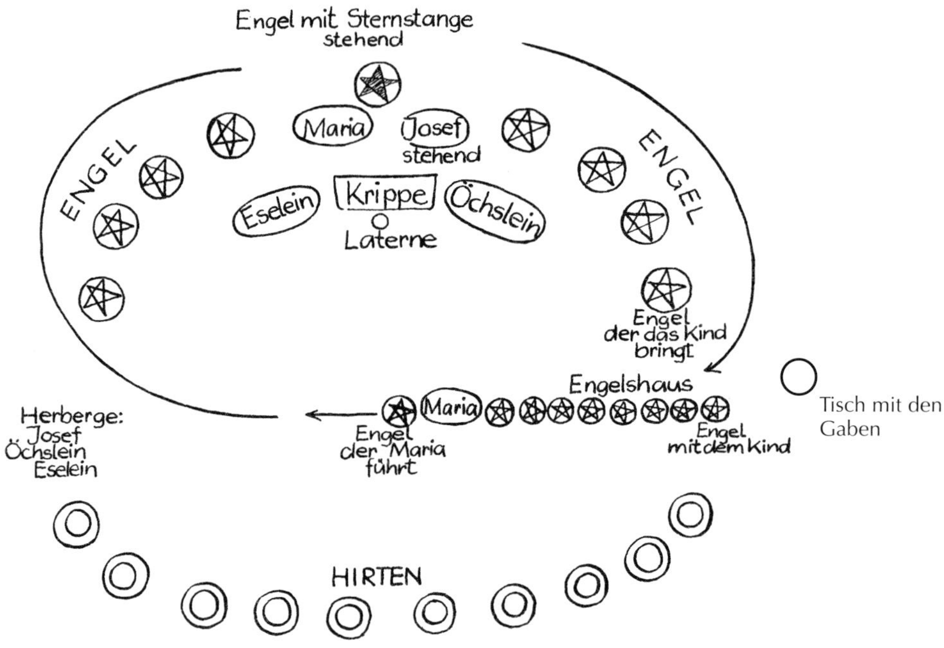

Maria geht mit auf der Brust gekreuzten Armen, von einem Engel geführt, zu folgendem Lied um den Engelhalbkreis. Nach der zweiten Strophe schließen sich alle Engel an und ziehen mit. Am Schluss des Liedes setzen sich alle Engel auf ihre Plätze. Der Engel mit dem Kind bleibt neben seinem Stuhl stehen. Der Engel mit dem Stern stellt sich hinter die Maria.

Text: K. Schubert, Melodie: F. Jaffke

2. Wenn Maria heilig schreitet,
von der Sterne Chor geschaut,
wird von ihrer Hand bereitet,
was zur Weihnacht niedertaut.

3. Ruft die Sonne auf zum Weben
für des Kindleins lichtes Kleid;
bittet dann den Mond, zu geben
ihrem Kinde Glück und Freud.

4. Alle Sterne spannt sie singend
an den großen Wagen an,
ziehet durch den Himmel klingend,
kommt so auf der Erde an.

Gesprochen:

Der Josef stellt das Licht hinein,
im Stalle soll es helle sein.

Der Josef stellt die Laterne vor die Krippe, dann stellt er sich neben die Maria.

Mit hochgehaltenen Pfötchenhänden geht zuerst das Eselein, dann das Öchselein hinter dem Engelkhalbkreis herum jeweils auf seinen Platz – mit folgendem Lied:

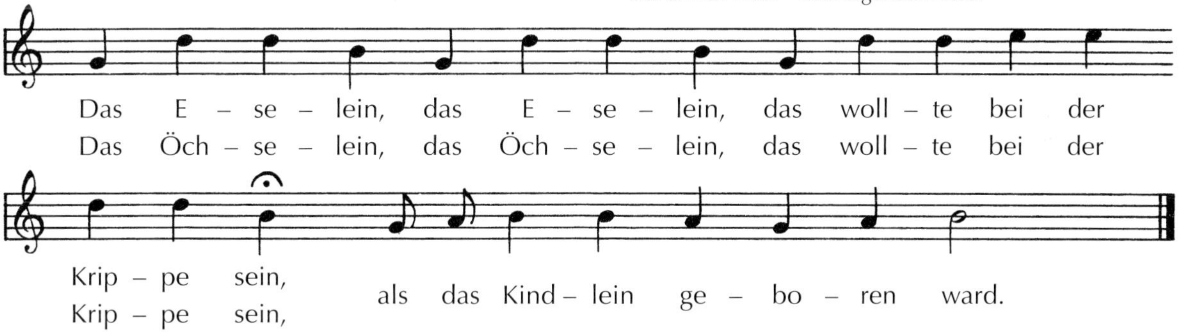

Jetzt geht der Engel mit dem Kind zur Krippe und legt der Maria das Kind in die Arme, dann setzt er sich auf seinen Platz.

Gesungen:

Josef, lieber Josef mein,
hilf mir wiegen das Kindelein.
Gott wird schon dein Belohner sein
im Himmelreich der Jungfrau Sohn Maria.

Maria wiegt das Kind. Josef und alle Engel und Hirten wiegen mit, indem sie die Arme zur Wiegengeste übereinanderlegen.

Gerne, liebe Maria mein,
helf ich dir wiegen das Kindelein.
Gott wird schon mein Belohner sein
im Himmelreich der Jungfrau Sohn Maria.

Maria legt das Kind in die Krippe.

Die Hirten stehen auf und ziehen mit folgendem Lied um den Engelhalbkreis herum. Während der zweiten Strophe bleiben sie in lockerer Gruppe vor den Hirtenstühlen stehen und bewegen die Finger wie beim Flötenspielen. Während der dritten Strophe hocken sie sich hin und machen die Schlafgeste.

Melodie: F. Jaffke

1. Was mag wohl der Schä – fer tun,
dass sie al – le bei ihm ruhn,
2. Wenn er sei – ne Flö – te nimmt,
wie sie hell und leis dann klingt,
3. Drum geht nie – mals eins al – lein,
wolln bei ih – rem Schä – fer sein.

1. der so vie – le Schäf – lein hat,
dass sie al – le bei ihm ruhn.
2. spielt er für die Schäf – lein nur,
wie sie hell und leis dann klingt.
3. al – le blei – ben ger – ne stehn,
wolln bei ih – rem Schä – fer sein.

Gesungen:

Vom Himmel hoch, o Englein, kommt,
eia, eia, susani, susani, susani.
Kommt, singt und springt,
kommt, pfeift und trompt,
Halleluja, halleluja.
Von Jesus singt
und Maria.

Die Engel stehen auf und ziehen mit vor der Brust gekreuzten Armen herum zu den Hirten. Voran geht der Erwachsene, ihm folgt zuerst der Engel mit dem Stern.

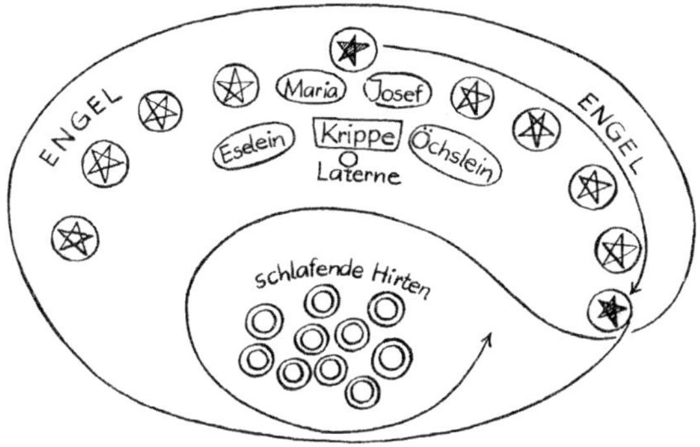

Gesungen:

Vom Himmel hoch, da komm ich her,
ich bring euch gute neue Mär.
Der guten Mär bring ich so viel,
davon ich singen und sagen will.

Die Engel bleiben im engen Halbkreis hinter den Hirten stehen.

Euch ist ein Kindlein heut gebor'n,
von einer Jungfrau auserkor'n,
ein Kindelein so zart und fein,
das soll euer' Freud' und Wonne sein.

Die Engel öffnen die Arme zu einer kündenden Geste.

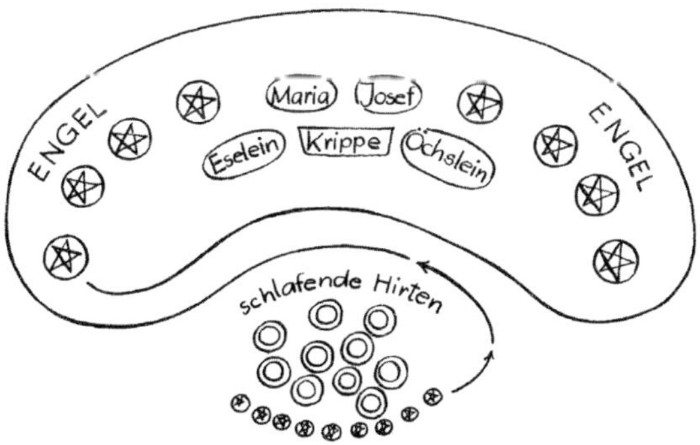

Während die Melodie noch einmal gesummt wird, ziehen die Engel wieder mit vor der Brust gekreuzten Armen auf ihre Plätze zurück.

Gesungen:

Was soll das bedeuten?
Es taget ja schon.
ich weiß wohl, es geht erst
um Mitternacht rum.
Schaut nur daher.
Schaut nur daher.
Wie glänzen die Sterne
je länger je mehr.

Die Hirten erwachen, stehen auf und staunen.

leise klatschen

Hände an die Stirn legen zum Schauen

Mit den Armen einen weiten Kreis beschreiben.

Treibt zusammen, treibt zusammen
die Schäflein fürbass,
treibt zusammen, treibt zusammen,
dann zeig ich euch was.
Dort in dem Stall,
dort in dem Stall
werdet Wunderding sehen,
treibt zusammen einmal.

Die Hirten ziehen um den Engelhalbkreis herum mit der Geste des Schäfchentreibens.

Gesprochen:

Nun aber wollen wir bedenken,
was wir dem Kindlein wollen schenken:

Die Hirten bleiben an dem Tischchen mit den Gaben stehen und bilden mit den Händen eine Schale.

Ich schenke ihm ein wenig Woll',
dass es die Mutter fein dreinlegen soll.

Der Erwachsene teilt zwei oder drei Hirten (je nach Anzahl der Kinder) die Wolle aus.

Eine Flasche voll Milch schenke ich ihm dann,
die Mutter draus ein Süpplein kochen kann.

Der Erwachsene teilt die «Milch» aus.

Und ich bring ihm ein Lämmlein klein,
das soll sein Spielgeselle sein.

Der Erwachsene teilt die «Schäfchen» aus.

Gesungen:

Bruder, ich geh auch mit dir,
nimm mein Dudelsack mit mir
und mein Schalmei auch,
und mein Schalmei auch.

Die Hirten ziehen fröhlich beschwingt noch einmal um den Engelhalbkreis herum und bleiben dann gegenüber dem Engelshaus stehen.

Wenn ich geh zum Stall hinein,
grüß ich gleich das Kindelein
und pfeif eins dazu,
und pfeif eins dazu.

Während die Hirten zu folgendem Lied die Klopfgeste machen, halten sie die Gaben nur mit einer Hand. – Nach der ersten Strophe warten sie, bis der Josef herangekommen ist. Während der zweiten Strophe winkt er die Hirten herein und deutet auf die Krippe. Danach geht er auf seinen Platz zurück.

Die Hirten gehen behutsam zur Krippe und bleiben im Halbkreis davor stehen.

Gesprochen:

Gegrüßet seist du, liebes Kind,
ich bin so froh, dass ich dich find.
Ich bringe dir ein wenig Woll,
dass dich die Mutter fein dreinlegen soll.

Die Hirten, die die Wolle tragen, treten vor, überreichen sie der Maria und treten wieder zurück. Maria legt die Wolle in die Krippe.

Ich bring dir eine Flasche voll Milch dann,
die Mutter draus ein Süpplein kochen kann.

Die Hirten überreichen die «Milch».

Und ich bring dir ein Lämmlein klein,
das soll dein Spielgeselle sein.

Die Hirten legen ihre «Schäfchen» vor die Krippe auf den Boden.

Alle Hirten knien nieder, nehmen ihre Hüte ab, legen sie vor sich auf den Boden und falten die Hände zur Anbetung.

Gesprochen:

Wiegela, wiegela Weihenacht,
Engel haben das Kind gebracht.
Alle Menschen werden es wiegen,
alle Tierlein es fromm umschmiegen,
alle Blümlein es hold begrüßen,
alle Stein' es anbeten zu Füßen,
alle Wesen werden ihm dienen,
Cherubim und Seraphinen.

(Herbert Hahn, 4)

Gesungen:

Still, geschwinde still, ihr Winde!
Stört dem Kindlein nicht die Ruh!
Nicht mehr blaset, nicht mehr raset,
schaut, es schließt die Äuglein zu.

Alle machen die Geste des Wiegens mit den Armen.

Hier liegt der, so euch gebietet,
dass ihr brauset, tobet, wütet,
oder gänzlich schweiget still,
wie er will, wie er will.

(Aus Tirol, 4)

Gesprochen:

Ihr lieben Hirten, lasst Dank euch sagen
für eure Müh' und guten Gaben.

Josef und Maria danken, aber selbstverständlich dürfen alle mitsprechen. Die Hirten stehen auf, nehmen wieder ihre Hüte und verneigen sich vor dem Kind.

Gesprochen:

Auf, Brüder, lasst uns fröhlich springen,
die Botschaft unsern Gesellen bringen.

Die Hirten wenden sich von der Krippe ab und sprechen dies zueinander.

Gesungen:

Kommet, ihr Hirten, ihr Männer und Frau'n,
kommet, das liebliche Kindlein zu schau'n,
Christus, der Herr ist heute geboren,
den Gott zum Heiland euch hat erkoren.
Fürchtet euch nicht.

Die Hirten ziehen noch einmal herum und setzen sich dann auf ihre Plätze.

Nach einer kurzen Besinnungspause bläst das «Eselein» oder ein anderes Kind das Licht in der Laterne aus.

Damit nun ein friedlicher Übergang zum Auskleiden entsteht und die Kinder nicht chaotisch werden, nimmt der Erwachsene die Sternstange und den Josefstock und stellt sie an den Platz. Dann sammelt er die Hüte ein, hilft den Kleinen, die Knoten an den Tüchern zu lösen, während alle ihre Tücher jetzt sorgfältig zusammenlegen.

Dreikönigsspiel

Dem Dreikönigsspiel* liegt eine Erzählung zugrunde, die an einigen Stellen von Liedern oder Versen unterbrochen wird. Zu Beginn sitzen die Kinder verkleidet in großer Runde (siehe Skizze S. 66). Der Erwachsene erzählt und singt – selbstverständlich ohne Anspruch auf Mitsprechen oder Mitsingen, und er geht auch auf allen Wegen den Engeln oder Königen voran.

Gewänder:

Maria	rotes Kleid, blauer Mantel, Gebärde: Kind im Arm
Josef	braunes Kleid und evtl. violetter Umhang, Stock
Sternengel	gelbes oder weißes Kleid, Krone mit Fünfstern, Sternstange (Fünfstern) oder im Stern eine Ikone (Maria mit dem Kind)
Engel	gelbe oder weiße Kleider oder Tücher, Krone mit Fünfstern
roter König	roter Mantel, eine goldene oder rote Krone
blauer König	blauer Mantel, eine goldene oder blaue Krone
grüner König	grüner Mantel, eine goldene oder grüne Krone

Pagi

des roten Königs	rotes Tuch, Goldreif
des blauen Königs	blaues Tuch, Goldreif
des grünen Königs	grünes Tuch, Goldreif

Erzählt:

Als das Kind zu Bethlehem geboren war, ging ein Stern am Himmel auf von solch goldenem Glanz, wie man ihn noch nie gesehen hatte. Und in dem Stern war das Bild von der Jungfrau und dem Kinde.

Auf einem Tischchen an der Seite stehen drei verschiedene Opfergaben für die Könige bereit. Anstelle der Krippe steht ein kleiner Schemel mit blauem Deckchen und einer größeren Kerze.

* Frei nach E. Proske, ausgearbeitet von F. Jaffke.

Die Engel ziehen, vom Sternengel geführt, einmal herum und bleiben im großen Halbkreis vor den Königen stehen. Dazu wird folgendes Lied so oft wiederholt, bis alle angekommen sind.

Die Engel öffnen die Arme zu einer kündenden Gebärde und singen im Stehen:

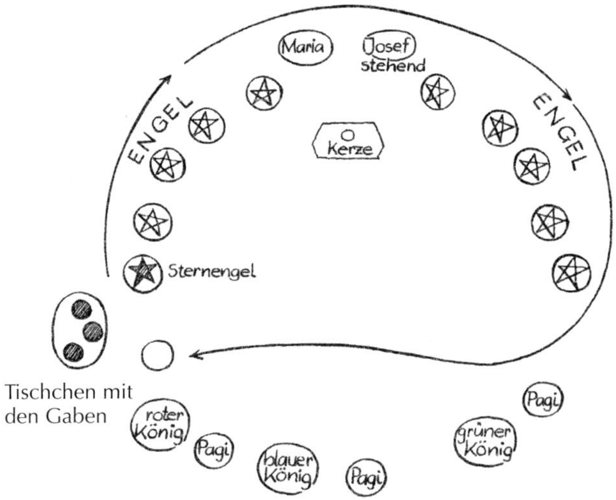

Mit dem ersten Lied «Ein heller Stern …» ziehen die Engel wieder zurück auf ihre Plätze.

Erzählt:

Im Morgenland lebten drei Könige: der rote König, der blaue König und der grüne König. Es waren weise und fromme Männer.

Der rote König hatte einen hohen Turm. Nachts stieg er auf den Turm, und dann konnte er alle Sterne sehen. Und er sah den Stern mit dem Bild von der Jungfrau und dem Kinde, dem will er folgen.

Der rote König steht auf.

«Du, Pagi, bring mir das rote Gold,
ich will es schenken dem Kindlein hold.»

Der rote Pagi holt vom Tischchen die Gabe und überreicht sie dem König.

Der blaue König hatte einen großen Saal. Nachts öffnete er den Saal, und dann leuchteten alle Sterne herein. Und er sah den Stern mit dem Bild von der Jungfrau und dem Kinde, dem will er folgen.

Der blaue König steht auf.

«Du, Pagi, bring mir den Weihrauch herein,
ich will ihn schenken dem Kindlein rein.»

Der blaue Pagi holt die Gabe und überreicht sie dem König.

Der grüne König hatte sich einen Schacht tief in die Erde gegraben. Schaute er aus der Tiefe herauf zum Licht, so konnte er alle Sterne sehen. Und er sah den Stern mit dem Bild von der Jungfrau und dem Kinde, dem will er folgen.

Der grüne König steht auf.

«Du, Pagi, bring mir die Myrrhen gut,
ich will sie schenken mit frohem Mut. »

Der grüne Pagi holt die Gabe und überreicht sie dem König.

Die Könige mussten weit wandern, es war finstere Nacht, und sie wussten keinen Weg.

Die Könige bleiben noch stehen.

Da kam der Stern zu ihnen und führte sie.

Der Sternengel kommt und stellt sich vor den roten König.

Mit folgendem Lied ziehen die Könige und Pagis einmal herum. Der Sternengel stellt sich dann wieder hinter die Maria, die Könige bleiben noch etwas entfernt im Halbkreis vor dem Licht stehen.

F. Jaffke

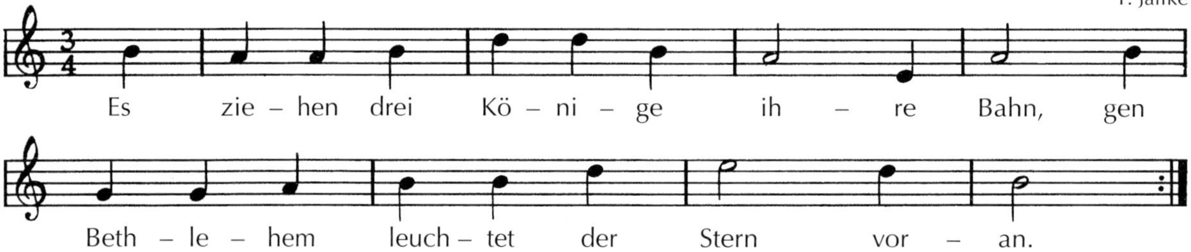

Erzählt:

Über Bethlehem blieb der Stern stehen. Die Könige traten achtsam ein und fragten nach dem Kindelein.

Die Könige und die Pagis gehen nah an das Licht heran und bleiben im Halbkreis davor stehen. Maria begrüßt sie, aber alle dürfen mitsingen.

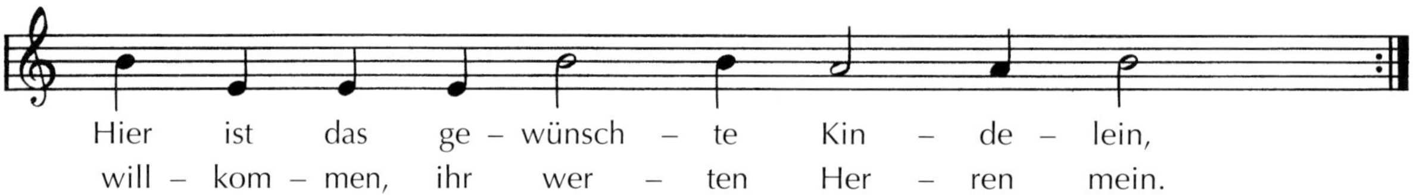

Der Stern hat uns zu dir geführt,
O König, dem all Ehr' gebührt.

Die Könige und Pagis knien jetzt hin und stellen nacheinander ihre Gaben um die Kerze auf folgenden Text:

Der rote König stellt seine Gabe hin.

«Was leuchtet so helle inmitten der Nacht?
Der Melchior hat Gold für das Kindlein gebracht.

Der blaue König stellt seine Gabe hin.

Was wolket so silbern, was wieget und schwingt?
Walthauser der alte den Weihrauch bringt.

Der grüne König stellt seine Gabe hin.

Was dringet so heilsam und herbe ins Blut?
Der Kaspar bringt Myrrhen, die duften so gut.
Gold, Weihrauch und Myrrhen, Herz, Wille und Sinn,
O Kindelein Gottes, nimm's gnadenvoll hin.»

(M. Garff, 2)

Die Könige und Pagis stehen wieder auf.

Maria und Josef danken, aber alle dürfen mitsprechen.

Ihr weisen Könige aus Morgenland,
wir sagen euch alle großen Dank.
Behüt euch Gott auf euren Wegen,
geht eure Bahn mit Gottes Segen.

Die Könige und Pagis verneigen sich zum Abschied.
Mit folgendem Lied ziehen die Könige und Pagis, vom Sternengel geführt, wieder auf ihre Plätze zurück.

F. Jaffke

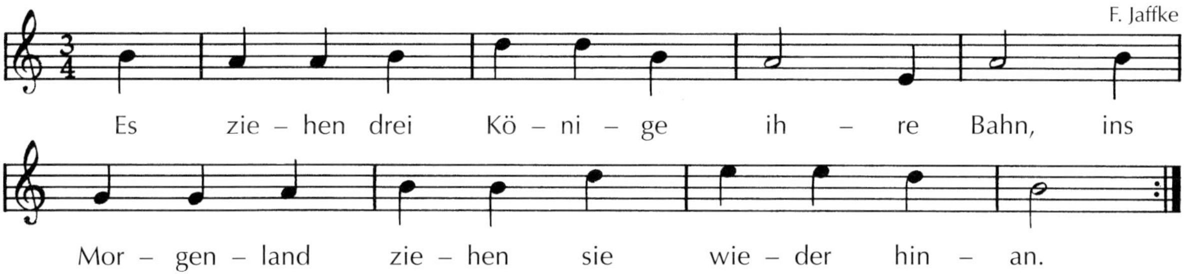

Während der folgenden zwei Zeilen stehen die Engel leise auf und schließen sich zu einem Kreis zusammen.

In tiefer Nacht, als alles schlief,
der Engel sacht dem Josef rief:
«Josef, Josef, bald vom Schlaf aufsteh'
und ins Ägyptenland nun geh'
mit der Maria und dem Kind.
Gott gibt Geleit, dass den Weg ihr find't.»

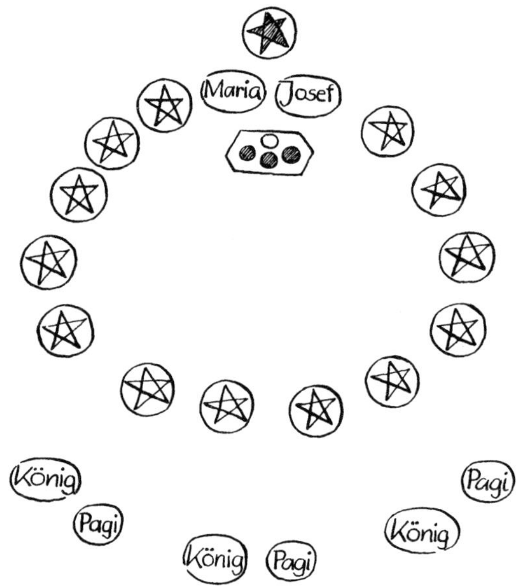

Die Engel treten leise wieder zurück und setzen sich.

Der Josef nimmt die Maria bei der Hand
und zieht mit ihr hin ins Ägyptenland.

Maria steht auf und tritt mit dem Josef vor das Licht. Sie gehen mit folgendem Lied einmal außen herum, bis sie bei dem Erzähler ankommen.

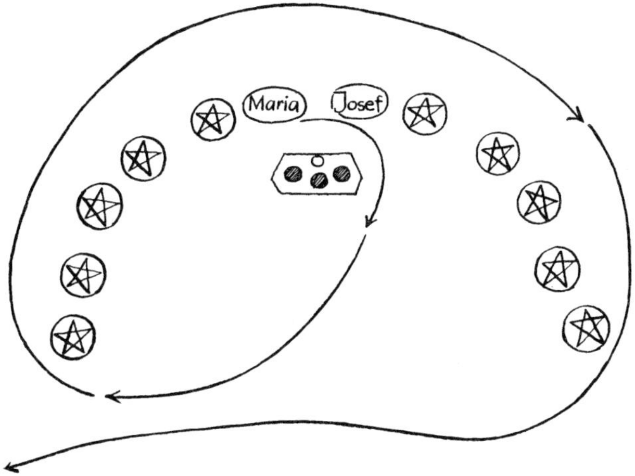

Bevor die Kinder ihre Gewänder ausziehen, wird von einem Kind mit dem Löschhütchen die Kerze gelöscht.

Im Winter

Mit folgendem Lied oder Vers mit der Geste des Schneeflockenfallens im Uhrzeigersinn herumgehen.

E. Proske

Es schneielet, es beielet,
es geht ein kalter Wind,
es fliegen viele Vögelein
aufs Köpfle jedem Kind.

Auch die Spatzen im Haselstrauch
sind dick zugeschneit:

In einem leeren Haselstrauch, da sitzen drei Spatzen, Bauch an Bauch.	In lockerer Gruppe stehen oder hocken und mit beiden Händen in einem großen Bogen den Haselstrauch andeuten. Beide Fäuste auf der Brust gegeneinanderlegen.
Der Erich rechts und links der Franz und mitten drin der freche Hans.	Mit beiden Händen nach rechts, links und in die Mitte deuten.
Sie haben die Augen zu, ganz zu, und obendrüber, da schneit es, hu!	Die Hände vor die Augen halten. Es mit beiden Händen schneien lassen.
Sie rücken zusammen dicht an dicht. So warm wie der Hans hat's niemand nicht.	Wieder die Fäuste auf die Brust legen und sich dabei ein wenig zusammenziehen.
Sie hören alle drei ihrer Herzlein Gepoch. Und wenn sie nicht weg sind, so sitzen sie noch. (C. Morgenstern)	Mit dem rechten Zeigefinger in die offene linke Hand pochen. Mit zusammengelegten Händen staunen. Das Gedicht kann mehrmals wiederholt werden.

Bevor wir nun das Rösslein vor den Pferdeschlitten spannen, lassen wir es mit folgendem Lied neu beschlagen. Wir singen drei ausgewählte Verse und klopfen dazu mit drei verschiedenen Hämmern: normal, sehr zart, sehr kräftig, indem wir mit den Fäusten aufeinanderpochen.

Der Schmied

Text: N. Lenau, Melodie: F. Jaffke

Jetzt spannen wir das Rösslein vor den Schlitten:

Vor den Schlitten groß und breit,
spanne ich mein Pferdchen an.
Hei, nun ist es schon so weit,
dass es hurtig traben kann.

Im Stehen die Geste des Zügelgreifens und Anspannens mit beiden Händen machen.

Berg hinauf und Berg hinunter
geht die Fahrt durchs Land so weit;
Mutter Sonne schaut herunter,
Dörfer liegen tief verschneit.

Im Uhrzeigersinn mit gehaltenen Zügeln traben.

Hört nur, wie die Glöckchen klingen
und der Wind gar lustig pfeift;
Pferdchen will nun munter springen,
Kutscher fest die Zügel greift.

Mit der gleichen Geste jetzt rhythmisch springen.

Pferdchen hört nun auf zu springen,
ist ja müde schon;
und von ferne hört man klingen
leis der Abendglocken Ton. (F. Jaffke)

Im Stehen: mit nach unten ausgestreckten Armen und Händen – die Fingerspitzen berühren sich – vor dem Körper die große Glocke schwingen.

Am Fischteich

Reigenspiel von Suse König; Melodie: F. Jaffke

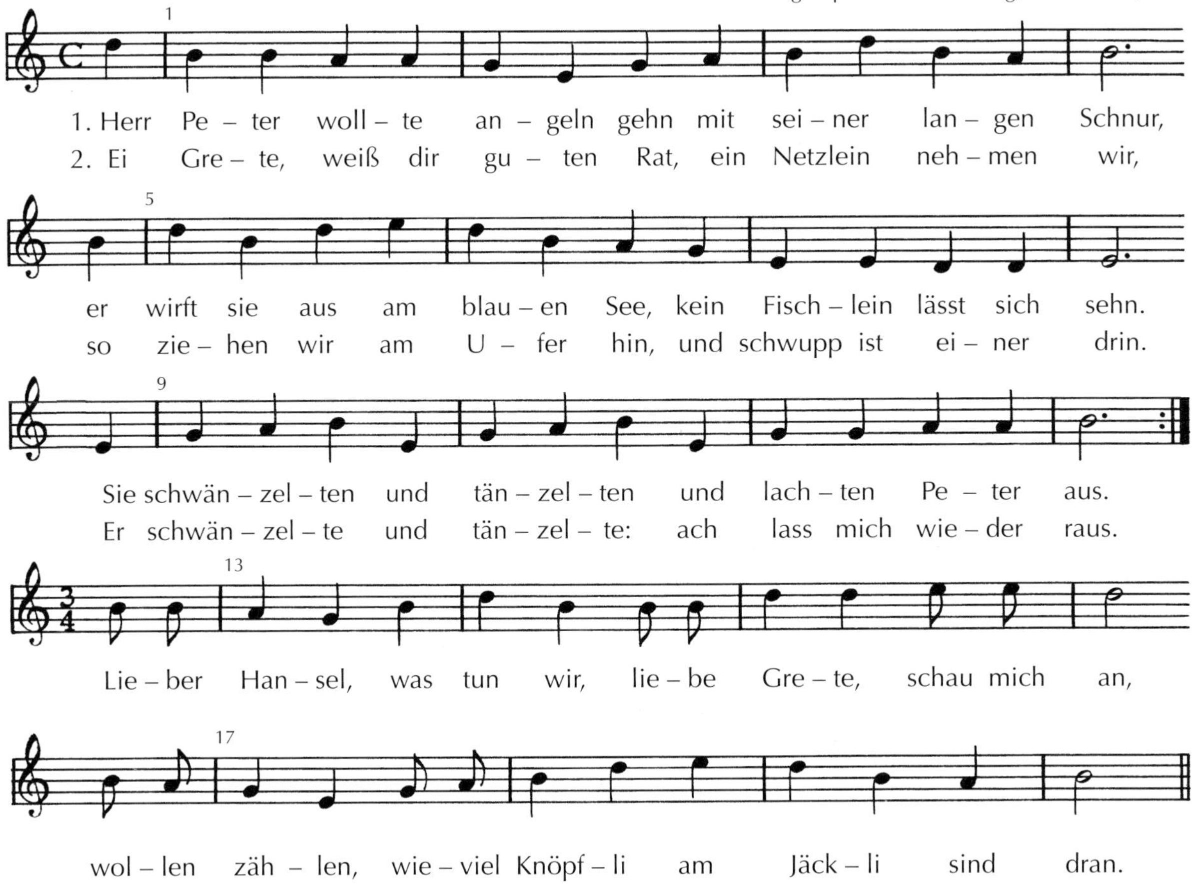

21
Raus, nicht raus usw. Bei «nicht raus»: Ei, so tra – gen wir dich
heim; du glit – zernd Fisch – lein sollst nun un – ser sein.
Bei «raus»: Er schwän – zel – te und tän – zel – te wohl
in den See hin – aus. La la …

Zunächst bilden wir mit den Kindern einen Kreis. Ein Drittel aller Kinder hockt sich als Fische in die Mitte des Kreises. Die im Kreis stehenden Kinder stellen wir paarweise zueinander, damit sie an entsprechender Stelle wissen, wer mit wem ein Netzlein bildet.

Takt 1 – 4: Angefasst im Kreis herumgehen (Uhrzeigersinn).

Takt 5 – 8: Im Stehen viermal die Geste des Angelauswerfens machen.

Takt 9 – 12: Die Kinder in der Mitte schwimmen wie die Fische herum und lachen mit den bewegten Fingern, dann hocken sie sich wieder in die Mitte.

Takt 1 – 4: Angefasst wieder im Kreis herumgehen.

Takt 5 – 8: Sich zu Paaren anfassen und ein Netzlein bilden, in das bei «schwupp» je ein «Fisch» aus der Mitte hineingeschlüpft kommt.

Takt 9 – 12: Das Kind im Netzlein macht mit beiden Händen die Bewegung eines schwimmenden Fischleins.

Takt 13 – 20: Alle klatschen behutsam, auch die Kinder, die das Netzlein hatten.

Takt 21 ff.: Raus, nicht raus, raus, nicht raus usw.: An der Jacke oder dem Oberhemd eines Kindes die Knöpfe abzählen.

Bei «nicht raus»: Die «Netzlein» gehen mit dem «Fisch» auf der Kreisbahn. Am Schluss sagen wir: «Eins, zwei, drei, die Fischlein sind frei», und lassen sie wieder in die Mitte schwimmen.

Bei «raus»: Die «Fischlein» schwimmen wieder in die Mitte, bis das Lied zu Ende ist, die anderen Kinder bleiben im Kreis stehen.

Schuster Lederfein

Wir gehn zum Schuster Lederfein,*
der macht uns Schuhe groß und klein.

Mit normalen Gehschritten herumgehen.

Wer geht gern mit großen Schritten,
muss um Riesenschuhe bitten:
Riesengang – Schritte lang.

Mit großen Schritten herumgehen.

Wer geht gern mit kleinen Schritten,
muss um Zwergenschuhe bitten:
Trippeltritte – kleine Schritte,
das ist bei den Zwergen Sitte.

Mit kleinen Schritten herumgehen.

Nun sind wir beim Schuster angekommen.

Ich bin der Schuster Lederfein,
mach Schuhe groß, mach Schuhe klein.

Im Hocken mit beiden Fäusten aufeinanderklopfen.

Ich schneide feines Leder zu
und nähe neue Schuh.

Die linke offene Hand deutet das Leder an, mit der rechten Hand bzw. dem Zeige- und Mittelfinger die Scherenbewegung ausführen.

Ich nähe, nähe, ziehe durch,
wiederholen

Die linke Hand hält das «Leder», die rechte Hand näht zweimal durch, dann mit beiden Händen übers Knie nach rechts und links die Fäden ziehen.

hämmere gar fein
bald werd' ich fertig sein.

Mit beiden Fäusten aufeinanderklopfen.

Jetzt machen wir noch den zweiten Schuh.

Den Text ab «Ich bin der Schuster …» wiederholen.

* Frei nach Hedwig Diestel (3).

Ach lieber Schuster du,
wir danken für die Schuh.

Aufstehen und zum Dank verneigen.

Gleich zieh' ich alle beide an,
damit ich fröhlich tanzen (wandern) kann.

An beiden Füßen die Geste des Schuheanziehens machen.

Manchmal werden die Schuhe auch noch geputzt:

Putze, putze blank im Nu
putze, putze blank den Schuh.
wiederholen

Mit der linken Hand in den «Schuh» schlüpfen, mit der rechten Hand die Bürstenbewegung ausführen.

Lustige Handwerker

Melodie: F. Jaffke

3. Ich bin die Köchin Katharin, koch gute Supp':
So viel Supp', wenig Supp', süße Supp', saure Supp'.
Ich bin die Köchin Katharin, koch gute Supp'.

4. Ich bin der Tischler Jarolin, mach schöne Tisch':
große Tisch', kleine Tisch', lange Tisch', kurze Tisch'.
Ich bin der Tischler Jarolin, mach schöne Tisch'.

5. Ich bin der Bäcker Brezelfein, back gutes Brot:
großes Brot, kleines Brot, langes Brot, kurzes Brot.
Ich bin der Bäcker Brezelfein, back gutes Brot.

6. Ich bin der Maler Kleckserich, mal schöne Wänd':
große Wänd', kleine Wänd', lange Wänd', kurze Wänd'.
Ich bin der Maler Kleckserich, mal schöne Wänd'.

7. Ich bin der Fischer Fischegern, fang schöne Fisch':
große Fisch', kleine Fisch', dicke Fisch', dünne Fisch'.
Ich bin der Fischer Fischegern, fang schöne Fisch'!

8. Ich bin der kleine Springinsfeld, mach schöne Sprüng':
große Sprüng', kleine Sprüng', weite Sprüng', kurze Sprüng'.
Ich bin der kleine Springinsfeld, mach schöne Sprüng'.

Bei jeder Strophe geht eine andere kleine Gruppe von Kindern in die Kreismitte und macht die dem Text entsprechenden Bewegungen. Selbstverständlich machen auch alle anderen die gleichen Bewegungen mit. Beim letzten Vers vom kleinen Springinsfeld springen alle im Uhrzeigersinn in lockerer Gruppe herum.

Zwack der Zwerg

Zwack der Zwerg zog eine Zwiebel
tief im Walde, wo er wohnte,
und zur frohen Frühlingsfeier
sprang draus blau ein Blümlein auf.

Alle hocken in lockerer Gruppe am Boden und bilden mit beiden Händen eine Knospe, die langsam heraufwächst und sich öffnet.

Zwack der Zwerg rief her den Hasen
hurtig aus dem Moosverstecke.

Mit der rechten Hand eine herbeiwinkende Geste machen.

«Laufe, Lampe, sag es allen,
dass mein blaues Blümlein blüht.»

Die Hände zu Hasenohren an den Kopf legen und lauschen.

Und die Lerche in den Lüften*

Mit ausgebreiteten Armen herumfliegen.

und der Maulwurf moosvermummelt*,

Mit beiden Händen etwa vor dem Kinn eine kleine maulwurfgrabende Geste ausführen.

und der Hirsch aus sich'rem Horte,*

Mit ausgestreckten Armen und Händen das Hirschgeweih andeuten und majestätisch herumgehen.

Rehlein rasch und rennbegierig:*

Leichtfüßig und rhythmisch herumspringen.

Alle nahen, alle neigen
ihre Näschen, ihre Augen,

Stehen bleiben, sich leicht nach vorne neigen, die Hände über die Augen halten als schauende Geste.

blaues Blümlein anzublicken,
das zur Frühlingsfeier blüht.

Mit den Händen eine Blüte formen, die sich langsam öffnet.

(Aus *Rhythmen und Reime*, 1)

Hat man eine Kindergruppe mit überwiegend Fünf- und Sechsjährigen, so kann man dieses Gedicht nach einigen Tagen auch mit «verteilten Rollen» durchführen. Jeweils zwei bis vier Kinder sitzen als Lerchen, Maulwurf usw. in einem Ecklein, wo sie von dem Hasen (auch jeweils zwei oder drei Kinder) nacheinander abgeholt werden. Sie warten dann bei Zwack dem Zwerg, bis alle sich eingefunden haben, und machen die letzten vier Zeilen dann wieder gemeinsam.

* Diese Zeilen sollten stets wiederholt werden, damit die Gebärden für die Kinder nicht zu rasch wechseln.

Die Osterhasen

Die Hasenmutter sitzt im Wald,
die Hasenkinder kommen bald.

In lockerer Gruppe am Boden hocken; mit den Händen die Hasenohren andeuten.

Heut malen wir die Eier an,
ein jeder malt, so gut er kann.
Wir tauchen sacht den Pinsel ein,
das Ei kriegt einen goldnen Schein.

Mit der linken Hand das «Ei» halten, mit der rechten Hand den «Pinsel» eintauchen und über das «Ei» streichen.

In heimliche Ecken
wir eifrig verstecken
ein Nestlein von Heu,
ein goldenes Ei,

Vorsichtig aufstehen, herumgehen und das «Ei» behutsam in irgendein Eckchen legen.

und der Osterhase hüpfet vorbei.

Hüpfend wieder zur Mitte kommen.

Jetzt gehen die Kinder Eier suchen.

Unter den Buchen
wollen wir suchen,
unter den Linden

Mit vorsichtigen Schritten herumgehen.

werden wir finden
ein Nestlein von Heu,
ein goldenes Ei:
alle bringen es zur Mutter herbei.

Das gefundene «Ei» aufheben und in den großen Korb bringen, den der Erwachsene zum Schluss mit seinen Armen bildet.

Den ganzen Ablauf etwa zweimal wiederholen und dabei die Farbe des Eies ändern: rot, blau, silbern usw. Die suchenden Kinder gehen von allein immer zu dem Platz, an dem sie vorher als Osterhase das «Ei» versteckt haben.

Säen im Garten

Nachdem wir eine Zeit lang den großen Acker bestellt haben, gehen wir nun mit den Mägden in den Garten und säen Blumen und Kräuter.

Die Bäurin, die Mägde, sie dürfen nicht ruhn,
sie haben gar viel auch im Garten zu tun.

Die Hacke geschultert, im Uhrzeigersinn herumgehen.

Wir hacken den Boden gar feste,
wir lockern die Erde aufs beste,
wir jäten den ganzen Acker,
wir arbeiten fleißig und wacker.

Die Geste des Hackens rhythmisch ausführen.

Nun ruhen wir ein wenig aus
und setzen uns zum Vesperschmaus.

Auf den Boden hocken.

Da fliegt herzu ganz leise
Frau Zwitscherling, die Meise.
Sie möchte auch geladen sein
und pickt sich auf die Bröckelein.

Einige Kinder sind die Meise. Sie «fliegen» mit ausgebreiteten Armen um die übrigen Kinder herum und picken von Einzelnen die «Bröckchen», die ihnen auf den Händen entgegengestreckt werden.

Wir schenken dir die Bröcklein gern,
dazu noch einen Meisenkern.
Froh fliegt es fort, das kleine Ding.
Ade, ade, Frau Zwitscherling.

(F. Jaffke)

Die «Meisen» fliegen wieder außen herum, die Kinder am Boden winken ihnen nach.
Jetzt teilt die «Bäuerin» (das ist der Erwachsene) die Samenkörner aus. Sie nennt auch jeweils den Namen des Samens. Alle stehen auf und bilden mit den Händen ein Schüsselchen.

In dein kleines Schüsselein
leg ich dir die Samen rein.

(In der Quinte gesungen)

Der Erwachsene macht zu jedem Kind hin die Geste des Austeilens.

Wir säen die Samen, die Samen so fein,
wir streuen sie sacht in die Erde hinein,
wir decken sie zu,
sie schlummern in Ruh.

Am Boden hocken. Die linke Hand hält die «Samenkörner», mit der rechten streuen wir sie vorsichtig aus.

Mit beiden Händen eine zudeckende Geste machen.

Bald schaut nun ein Spitzchen
empor durch ein Ritzchen,
die Pflänzlein, sie sprießen,
wir wollen sie gießen

Mit zusammengelegten Händen das Spitzchen formen, das langsam emporwächst.

Die Hände leicht nach oben hin öffnen.

Mit einer Hand und bewegten Fingern das Gießen andeuten.

und wenn wir schön warten,
blühen Glöcklein im Garten.

(H. Diestel)

Beide Hände zum Blumenkelch öffnen.

Die letzte Zeile kann entsprechend dem ausgeteilten Samen jeweils variiert werden (z.B. «… wächst Thymian im Garten» oder «… blühen Sonnenblumen im Garten»).

Die kleinen Regenmännchen
mit ihren Gießekännchen
begießen Thymian und Lauch,
die Astern und Reseden auch.
Und sind die Gießekannen leer,
dann regnet es kein bisschen mehr.

(M. Garff)

Im Hocken oder Herumgehen beide Hände mit bewegten Fingern von oben nach unten führen.

Der folgende Regenvers ist ebenso geeignet:

Regen, Regen, Tröpfchen,
es regnet auf mein Köpfchen,
es regnet aus dem Wolkenfass,
alle Blumen werden nass,
alle Blumen sagen Dank
für den guten Himmelstrank.

(Volksgut)

Im Häuslein mit fünf Stübchen

Melodie: F. Jaffke

2. Und sind wir bei den Stübchen,
so nehmen wir die Bübchen;
behutsam sammeln wir sie ein
und legen sie in die Erde hinein.

3. Kommt dann die liebe Sonne,
voll Freud' und voller Wonne,
sie weckt die Bübchen aus dem Traum,
lässt wachsen einen Apfelbaum.

(Stilke / Jaffke)

In der Kreismitte hocken einige Kinder als «Bübchen».

1. Strophe: Angefasst im Uhrzeigersinn herumgehen.

2. Strophe: Eines der größeren Kinder aus dem Kreis geht in die Mitte, nimmt die «Bübchen» bei der Hand und geht mit ihnen einmal herum. Dann hocken sich die «Bübchen» wieder in die Mitte und verstecken den Kopf in den übereinandergeschlagenen Armen.

3. Strophe: Zwei oder drei Kinder gehen als Sonne um die «Bübchen» herum. Die «Bübchen» stehen auf und strecken ganz langsam ihre Arme als Äste aus.

Elfentanz

Abends, wenn es schummrig wird, flüstert es verstohlen, knackt und knistert, klingt und klirrt, tappt auf leisen Sohlen.	Auf leisen Sohlen herumgehen.
Spinnefein und Hinzelmann	Bei Spinnefein den Zeigefinger erheben, bei Hinzelmann mit beiden Händen eine Zipfelmütze andeuten.
tanzen in der Runden,	Sich mit erhobenen Armen einmal drehen.
zünden wir die Kerzen an,	Um den gestreckten Zeigefinger die andere Hand zum Schutz des «Lichtes» legen.
sind sie – husch – verschwunden. (M. Garff)	Auf «husch» leise klatschen, dann schnell in die Hocke gehen.

Elfenkind im Schneckenhaus
meint, es sei verborgen.
Kommt ein kleiner Käfermann,
sagt ihm «Guten Morgen»,
nimmt das Elflein bei der Hand,
fliegt mit ihm durchs ganze Land.

Die Hälfte der Kindergruppe hockt – nicht zu dicht nebeneinander – am Boden als Elfenkinder.
Die übrigen Kinder gehen einmal außen herum, bleiben dann vor einem Elfenkind stehen, verneigen sich, nehmen es bei der Hand und «fliegen» dann mit ihm zusammen im Uhrzeigersinn herum.

Wickel, wackel, schnickel, schnackel,
immer dichter wird das Knäuel,
Elfenkind im Schneckenhaus
meint, es sei verborgen.
Kommt ein kleiner Käfermann,

Mit einer Kindergruppe, in der genügend fünf- und sechsjährige Kinder sind, kann man auch eine sich einwickelnde Spirale laufen. Die Kinder sind dabei angefasst und werden vom Erwachsenen geführt. Dazu werden nebenstehende Zeilen so lange wiederholt, bis die Spirale etwa eineinhalb Windungen hat. Dann darf sich ein Kind als «Elfenkind» in die Mitte hocken.

sagt ihm «Guten Morgen».
Nimmt das Elflein bei der Hand,
fliegt mit ihm durchs ganze Land.

mehrmals wiederholen

Von außen kommt ein Kind als «Käfermann» (es hat die Zeigefinger als Fühler an der Stirn nach vorne gestreckt) in die Schnecke herein,
verneigt sich vor dem Elfenkind,
nimmt es an die Hand,
fliegt mit ihm heraus und schließt sich am Schneckenhausende an.

Zum Auswickeln der Schnecke
kann gesprochen werden:

Kommt das Kätzchen
mit den Tätzchen,
wickelt's wieder aus.

So lange wiederholen, bis die Schnecke aufgelöst ist.

Das Glühwürmchen

Volksgut

Die Kinder stehen im lockeren Kreis. Einige Kinder fliegen mit kleinen Flügelbewegungen innen herum. Zum Schluss formen sie mit beiden Händen ein Laternchen und bringen es jeweils zu einem anderen Kind, vor dem sie stehen bleiben. Diese Kinder fliegen nun auf die Wiederholung herum. Es kann so oft wiederholt werden, bis alle Kinder dran waren.

Muttergottesgläschen

Text: M. Garff, Melodie: F. Jaffke

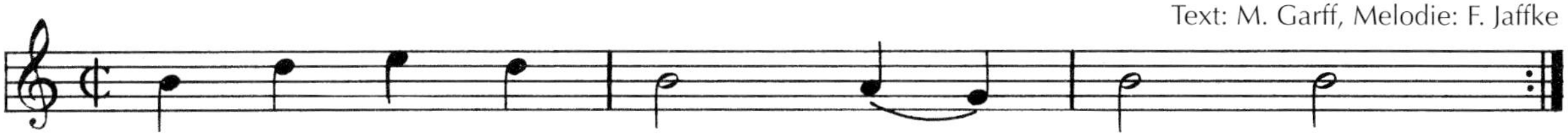

1. Mut – ter – got – tes – gläs – chen blü het,
kla – rer Wein im Kelch – lein glü het,
3. Schmet – ter – ling im Drü – ber – wip – pen
möcht' am Rand ein Tröpf – lein nip – pen.
5. und es tum – meln sich die Mück – chen,
Kä – fer – lein kriegt auch ein Schlück – chen

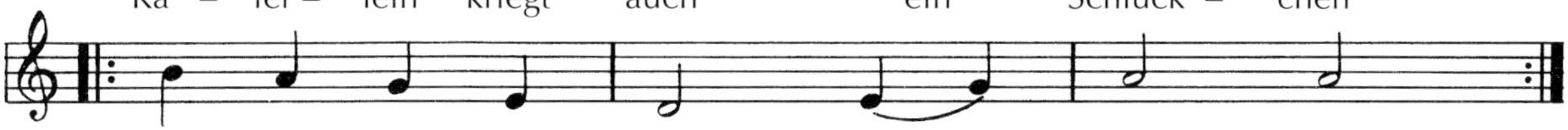

2. und schon na – hen sich die Gäs – te
zu dem Sankt Jo – han – nis Fes – te.
4. Bie – nen tau – chen tief hin – un – ter,
Hum – mel – bär – chen brum – meln mun – ter,
6. von der ho – nig – sü – ßen La – be,
Sankt Jo – han – ni Him – mels – ga – be.

In der Kreismitte sitzen einige Kinder als Muttergottesgläschen. Mit den Händen formen sie eine Blüte.

1. und 2. Strophe: Angefasst im Uhrzeigersinn herumgehen. Während der folgenden Strophen bleiben alle im Kreis stehen, nur jeweils eine kleine Gruppe von drei oder vier Kindern fliegt um die Blüten in der Mitte herum, taucht mit den Händen ganz vorsichtig in einen «Blütenkelch» und trägt dann den gewonnenen «Honig» an seinen Platz im Kreis. Selbstverständlich kann man auch mit allen Kindern alles gemeinsam machen. Dies ist besonders dann zu empfehlen, wenn nur wenige sechsjährige Kinder in der Gruppe sind.

Von der Mittagshexe

Leicht verändert und erweitert nach M. Garff (2)

Erdbeerlein am heißen Hang, sonnenrotes Tröpfchen, kommt der Gnom den Weg entlang mit dem Henkeltöpfchen. Erdbeerlein, so süß und rot, reift zur rechten Stunde, grad genug zum Mittagbrot für die Gnomenrunde. (M. Garff und 1)	Während der folgenden acht Zeilen im Uhrzeigersinn herumgehen. Die linke Hand macht die Geste des Töpfchenhaltens, mit der rechten pflückt man – während man sich rhythmisch dazu bückt – die Beerlein und tut sie in das Töpfchen.
… Schläft auf einem Meilenstein für ein Augenblickchen ein.	Auf den Boden hocken, das Töpfchen neben sich stellen, den Kopf auf die beiden zusammengelegten Hände legen.
Aber um den Berg herum geht die Mittagshexe um. Und als die das Wichtlein sah, weißt du, was ihm da geschah?	Mit leisen, schleichenden Schritten gehen.
Ward verwunschen alsogleich,	Im Stehen mit beiden flachen Händen kreisen.
sprang als Laubfrosch in den Teich.	Wie ein Fröschlein hüpfen.
Und die Hexe, die ging stumm weiter um den Berg herum. Als sie nun das Fröschlein sah, weißt du, was mit ihm geschah?	Mit leisen, schleichenden Schritten gehen.
Ward verwunschen, glaubt es kaum,	(siehe oben)
flog als Vöglein in den Baum.	Mit ausgebreiteten Armen herumfliegen.

Und die Hexe, die ging stumm	(siehe oben)
weiter um den Berg herum.	
Als sie nun das Vöglein sah,	
weißt du, was mit ihm geschah?	
Ward verwunschen alsobald,	(siehe oben)
sprang als Rehlein in den Wald.	Wie ein Rehlein herumspringen.
Und die Hexe, die ging stumm	(siehe oben)
weiter um den Berg herum.	
	Sich wieder mit der Schlafgebärde hinhocken.
Wichtelmann vom Schlaf erwacht,	
reibt die Augen, lacht und lacht;	Die Augen reiben und mit den bewegten Fingern lachen.
geht nach dieser Schlummerstunde	Mit kleinen Schritten herumgehen.
heim geschwind zur Gnomenrunde;	
teilt von seinem Erdbeerschmaus	Alle machen mit beiden Händen ein Schüsselchen, in das zunächst der
jedem Gnom ein Beerlein aus.	Erwachsene, dann einige Kinder nachahmend, austeilen.

TÄNZE

Komm, wir wollen tanzen

Melodie: F. Jaffke

Takt 3 und 5 in den folgenden Strophen:

stampfen mit dem Fuß,
schwimmen wie ein Fisch,
fliegen wie ein Spatz,
hüpfen wie ein Frosch,
und uns fassen an,
oder:
und schon stehn ganz still.

Alle stehen im großen lockeren Kreis.

Takt 1 und 2: Mit der rechten erhobenen Hand zum Tanz auffordernd, einmal um sich selbst drehen.

Takt 3 und 5: Im Stehen die entsprechenden Bewegungen dazu machen.

Takt 4: Immer leicht klatschen.

Fiedelhänschen

Melodie: F. Jaffke

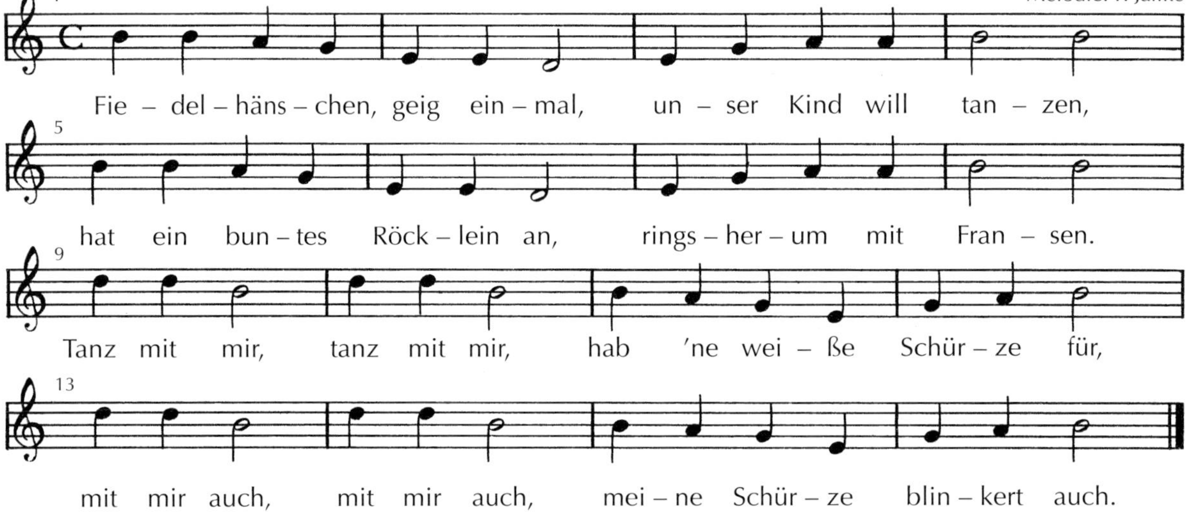

In der Kreismitte stehen einige Kinder als Fiedelhänschen.

Takt 1 – 8: Alle Kinder machen die Geste des Geigespielens.

Takt 9 – 16: Jedes Fiedelhänschen wählt sich ein Kind aus dem Kreis und tanzt mit ihm in der Mitte. Die übrigen Kinder klatschen leicht dazu.

Die Kinder, die zum Tanzen geholt wurden, sind dann in der Mitte ein Fiedelhänschen, und es beginnt aufs Neue.

Holzschuhtanz

Melodie: F. Jaffke

Takt 1 – 8: Paarweise eingehakt im Uhrzeigersinn herumgehen.

Takt 9 – 10: Im Stehen mit beiden Händen von vorne nach hinten das Röcklein andeuten.

Takt 11 – 12: Von den Knöcheln zu den Knien heraufstreichen.

Takt 13 – 14: Mit den Händen einen weiten Rock, dann auf dem Kopf das Häubchen andeuten.

Takt 15: Klatschen.

Takt 16: Mit in die Seiten gestemmten Händen jeweils einen Fuß vorschwingen und dabei hüpfen.

Takt 17 – 18: Paarweise angefasst miteinander tanzen.

Der lustige Springer

Melodie: F. Jaffke

Angefasst im Kreis stehen.

Takt 1 – 6:	Einige Kinder gehen als der Springer außen herum.
Takt 7 – 9:	Zwei Kinder öffnen den Kreis und lassen die Springer in die Kreismitte springen.
Takt 10 – 11:	Den Kopf schütteln.
Takt 12 – 13:	Mit beiden Händen den Rock rütteln.
Takt 14 – 15:	Mit beiden Füßen leicht stampfen.
Takt 16 – 17:	Mit einer Hand winken.
Takt 18 – 27:	Jeder Springer nimmt sich ein Kind aus dem Kreis und tanzt mit ihm in der Kreismitte. Die übrigen klatschen leicht dazu.

Widewidewitt, mein Mann ist kommen

Volkstümlich

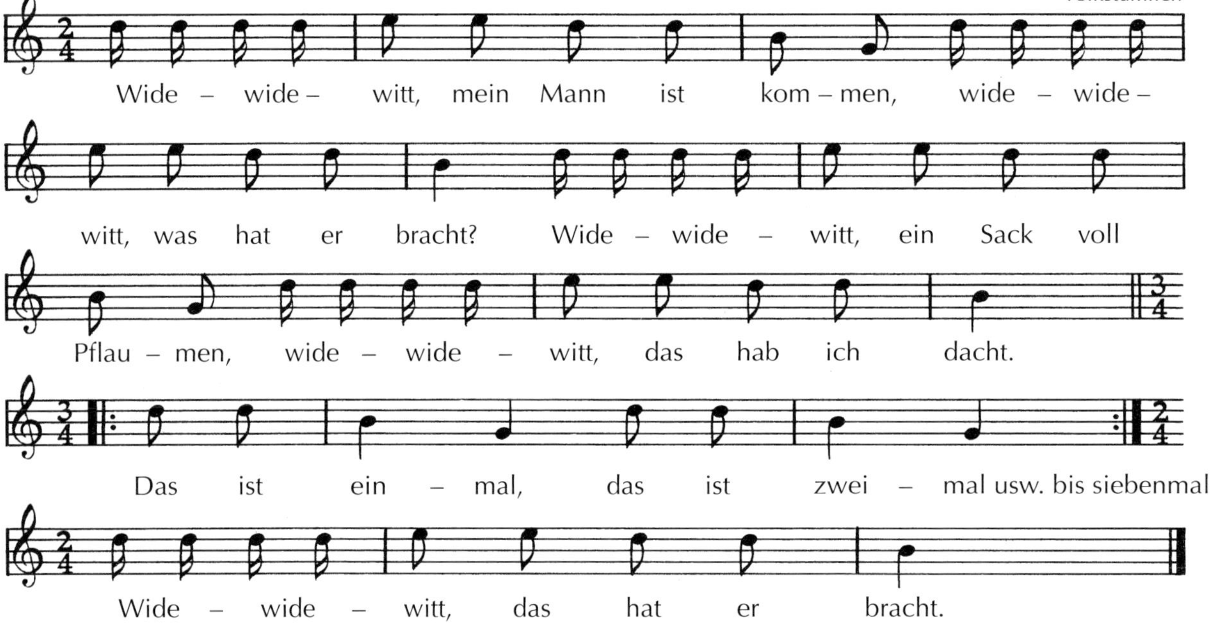

Dies ist ein Spiel für die größeren Kinder. Die Kleinen sitzen dabei gerne in der Mitte.

Auf die ersten neun Takte angefasst im Kreis herumgehen und dann stehen. Bei «das ist einmal» einen Fuß vor- und wieder zurückstellen. Nun beginnt es wieder von vorne. Man wiederholt «das ist einmal» und fügt «das ist zweimal» hinzu und stellt dabei den anderen Fuß vor und wieder zurück. Dann beginnt es von Neuem. Jedes Mal kommt eine Zahl mehr hinzu.

Bei:

«dreimal»	auf ein Knie gehen
«viermal»	auf das zweite Knie gehen
«fünfmal»	einen Ellenbogen auf den Boden stützen
«sechsmal»	den anderen Ellenbogen aufstützen
«siebenmal»	mit der Nase auf den Boden tippen

Rumsdidel, dumsdidel

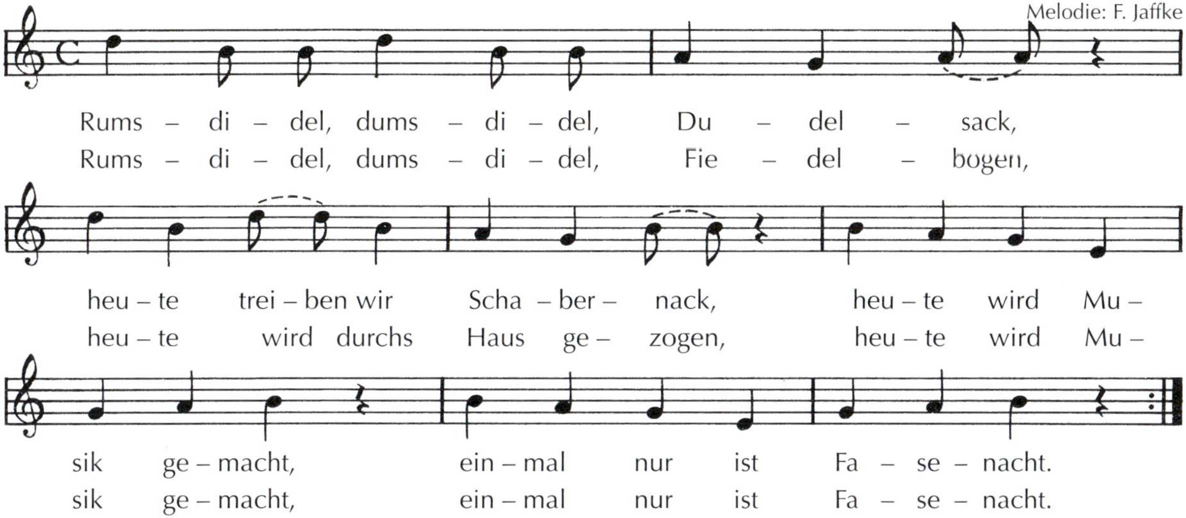

In einer langen Kette angefasst herumziehen.

Verzeichnis der Lieder und Verse mit Bewegungshinweisen

Siehe auch den Themengang durchs Jahr, Seite 18 ff.

Verzeichnis der benützten Quellen

Wir danken den Autorinnen, Autoren und Verlagen für die Abdruckgenehmigung.

1 *Rhythmen und Reime*. Arbeitsmaterial aus den Waldorfkindergärten Band 6, Stuttgart ^{13}2019.

2 Marianne Garff: *Es plaudert der Bach. Gedichte für Kinder*, Basel ^{12}2022.

3 Hedwig Diestel: *Kindertag. Gedichte für Kinder*, Stuttgart ^{9}2019.

4 Alois Künstler: *Das Brünnlein singt und saget. Lieder*, Stuttgart ^{14}2021.

5 *Eins und Alles. Gedichte für Kindheit und Jugend*, ausgewählt von Heinz Ritter, Stuttgart ^{15}2021.

6 *Singspiele und Reigen*. Arbeitsmaterial aus den Waldorfkindergärten Band 4, Stuttgart ^{10}2018.

7 Christian Morgenstern: *Liebe Sonne, liebe Erde. Ein Kinderliederbuch,* Berlin ^{3}2014.

8 Marianne Garff: *Pirzel und Purzel,* Bärenreiter Verlag, Kassel.

9 Heiner und Marianne Garff: *Fahr, mein Schifflein, fahre. Kinderlieder*, Stuttgart ^{4}1995.

10 Heinrich Martens: *Der Volkstanz*, Band 14. Vieweg-Verlag, Berlin.

Weiterführende Literatur

Freya Jaffke: *Feste in Kindergarten und Elternhaus. Teil I: Advent – Weihnachten – Dreikönige – Fasching,* Stuttgart ^{5}2015.

Freya Jaffke: *Feste in Kindergarten und Elternhaus. Teil II: Ostern – Pfingsten – Johanni – Michaeli – Laternenfest*, Stuttgart ^{5}2015.

Freya Jaffke: *Spielen und arbeiten im Waldorfkindergarten,* Stuttgart ^{5}2022.

Brigitte Barz: *Feiern der Jahresfeste mit Kindern. Für Eltern dargestellt*, Stuttgart ^{6}1996.

Emil Bock: *Der Kreis der Jahresfeste*, Stuttgart ^{6}1999.

Martha Heimeran: *Von der Religion des kleinen Kindes*, Stuttgart ^{6}1995.

Rudolf Steiner: *Der Jahreskreislauf als Atmungsvorgang der Erde und die vier großen Festeszeiten*, Rudolf Steiner Gesamtausgabe 223, Dornach ^{7}1990.

Die Autorin

Freya Jaffke (1937–2021) war eine erfahrene Waldorfkindergärtnerin. Von 1960 bis 1990 war sie im Waldorfkindergarten der Freien Georgenschule Reutlingen tätig. Von 1964 bis 1966 besuchte sie zwischenzeitlich die Höhere Fachschule für Sozialpädagogik, Köln, um die Unterrichtsberechtigung an Fachschulen zu erwerben. Berufsbegleitend unterrichtete sie ab 1971 am Waldorfkindergartenseminar in Stuttgart. 1990 wurde sie von der Kindergartenarbeit freigestellt, um an Waldorfkindergartenseminaren weltweit zu unterrichten. Im Verlag Freies Geistesleben liegen von ihr vor: *Spielzeug – von Eltern selbst gemacht; Getreidegerichte – einfach und schmackhaft; Puppenspiel für und mit Kindern; Rhythmen und Reime; Spielen und arbeiten im Waldorfkindergarten; Spiel mit uns!; Fröhliche Puppen selbst gemacht; Advent; Gestalten mit farbiger Wolle; Feste in Kindergarten und Elternhaus Teil I und II; Holzspielzeug selbst gestalten; Handarbeit; Mit Kindern malen; Tiere für Puppenspiele.*

Freya Jaffke

Feste in Kindergarten und Elternhaus

Teil 1: Jahreszeitentische · Advent · Weihnachten · Fasching

Arbeitsmaterial aus den Waldorfkindergärten 14

87 Seiten, durchgehend farbig, kartoniert

Freya Jaffke zeigt, wie man Kinderfeste gestaltet. Für die Zeit von Advent bis Fasching gibt sie wichtige Anregungen aus dem Hintergrund der Waldorfpädagogik. Neben Bastelanleitungen enthält der Band viele Spiele, Lieder und Gedichte.

Verlag Freies Geistesleben

Freya Jaffke

Feste in Kindergarten und Elternhaus

Teil 2: Ostern · Pfingsten · Johanni · Michaeli · Laternenfest

Arbeitsmaterial aus den Waldorfkindergärten 15

101 Seiten, durchgehend farbig, kartoniert

In diesem Buch geht Freya Jaffke ausführlich auf die Feste von Ostern bis Sankt Martin ein. An vielen Beispielen erfährt der Leser, wie man Feste mit Kindern im Kindergarten und zu Hause sinnvoll feiern kann.

Freya Jaffke

Spielzeug – von Eltern selbst gemacht

Arbeitsmaterial aus den Waldorfkindergärten 1

157 Seiten, durchgehend farbig, kartoniert

Der Spielzeug-Klassiker in einer farbig illustrierten Neuausgabe.

Hier lernen Eltern, wie sie einfaches Spielzeug, das die kindliche Fantasie zum Spielen anregt, selber machen können.

Verlag Freies Geistesleben

Freya Jaffke

Mit Kindern malen

Wachsfarben · Aquarellfarben · Pflanzenfarben

Arbeitsmaterial aus den Waldorfkindergärten 20

79 Seiten mit farbigen Abbildungen, kartoniert

Mit ihrem Malbuch will die erfahrene Waldorfkindergärtnerin und Dozentin Freya Jaffke das Malen mit Wachs-, Aquarell- und Pflanzenfarben anregen. Dabei erhält der Erwachsene zahlreiche Hinweise, wie er selbst mit diesen Farben umgehen kann, damit die Kinder durch sein Vorbild zur eigenen Tätigkeit animiert werden.

Freya Jaffke

Spielen und arbeiten im Waldorfkindergarten

Arbeitsmaterial aus den Waldorfkindergärten 13

98 Seiten mit vielen farbigen Abbildungen, kartoniert

Anschaulich schildert Freya Jaffke die Praxis und die Grundlagen eines Waldorfkindergartens. Beobachtungen, Erfahrungen und tiefergehende Überlegungen vermitteln einen Einblick in den Kindergartenalltag und geben Anregungen, wie man pädagogische Erkenntnisse im Zusammensein mit Kindern umsetzen kann.

Freya Jaffke

Spiel mit uns!

Gesellige Spiele für Kinder von 3 bis 6 Jahren

Arbeitsmaterial aus den Waldorfkindergärten 12

91 Seiten, kartoniert

In diesem Band sind besonders bewährte Spiele zusammengestellt, die ohne größere Vorbereitung überall gespielt werden können. Zu jedem Spiel gibt es genaue Anleitungen sowie die entsprechenden Texte und Melodien.

Verlag Freies Geistesleben

Freya Jaffke
Tiere für Puppenspiele
Arbeitsmaterial aus den Waldorfkindergärten 24
76 Seiten, mit Zeichnungen und Farbabbildungen, kartoniert

Tiergestalten sind unentbehrliche Elemente für jedes Puppen- oder Marionettenspiel. Freya Jaffke zeigt, wie man aus Schafwolle sehr charakteristische, liebenswerte Tiere herstellt.

Verlag Freies Geistesleben

Freya Jaffke
Puppenspiel für und mit Kindern
Arbeitsmaterial aus den Waldorfkindergärten 7
128 Seiten, kartoniert

Puppenspiel animiert durch viele praktische Anleitungen, Fotos und pädagogische Hinweise, Puppen selbst herzustellen und für Kinder kleine Spiele aufzuführen. Freya Jaffke gibt Tipps und Hinweise zum Aufbau von Spielszenen mit Tüchern und einfachen Requisiten, zur Herstellung verschiedenartiger Puppen sowie zur Aufführungspraxis und gibt Beispiele für geeignete Märchen und Geschichten.

Freya Jaffke
Rhythmen und Reime
Arbeitsmaterial aus den Waldorfkindergärten 6
104 Seiten mit vielen farbigen Abbildungen, kartoniert

Die hier zusammengestellten Gedichte und Sprüche sind für Kinder bis zu acht Jahren bestens geeignet. Thematisch gegliedert nach Jahreszeiten, Tätigkeiten und Erlebnissen in der Natur, enthalten sie eine Fülle von Anregungen für die Arbeit im Kindergarten und in den ersten Schuljahren.

Freya Jaffke
Kleine Märchen und Geschichten
Arbeitsmaterial aus den Waldorfkindergärten 5
71 Seiten, kartoniert

Die kleinen Geschichten und Märchen dieses Bandes gehören seit Jahren neben den Grimm'schen Märchen zum Erzählgut vieler Waldorfkindergärten. Einige Geschichten sind speziell für Puppenspiele geschrieben oder bearbeitet worden, aber auch alle anderen eignen sich dafür.

Freya Jaffke
Holzspielzeug selbst gestalten
Arbeitsmaterial aus den Waldorfkindergärten 24
93 Seiten, mit Zeichnungen und Farbabbildungen, kartoniert

Das Buch vermittelt die Freude am Schnitzen und am Material Holz. Freya Jaffke gibt hierfür Hinweise und Anregungen, wie man viele verschiedene Spielsachen selbst herstellen kann.

Freya Jaffke
Advent
Anregungen für die Vorweihnachtszeit
Werkbücher für Kinder, Eltern und Erzieher 2
123 Seiten, mit zahlreichen farbigen Abbildungen, kartoniert

Wer die Adventszeit mit Kindern festlich gestalten möchte, findet hier zahlreiche Anregungen zum Basteln: vom Adventskalender über Sterne, Transparente und Lämpchen bis zu Krippenfiguren und Krippengärtchen.

Verlag Freies Geistesleben

Freya Jaffke

Fröhliche Puppen – selbst gemacht

104 Seiten, durchgehend farbig,
gebunden

Dieses Buch enthält übersichtliche, leicht verständliche Anleitungen, wie man verschiedene Stoffpuppen selber nähen kann: von der einfachen Knotenpuppe bis zur inzwischen weltweit bekannten Waldorfpuppe. Zudem finden sich zahlreiche Vorschläge für Kleider, Kopfbedeckungen und Schuhe. Die vielen stimmungsvollen Fotos regen unmittelbar dazu an, selbst eine schöne, individuelle Puppe zu gestalten.

Verlag Freies Geistesleben